WEN LIAN

本书系国家社会科学基金重大项目"建构视阈下的中国新时代文艺评论研究"(22VRC099)阶段性成果

作为主体的建构
纽约学派文化批评研究
（1937—1952）

冯 巍 / 著

中国文联出版社
http://www.clapnet.cn

图书在版编目（CIP）数据

作为主体的建构：纽约学派文化批评研究：1937—1952 / 冯巍著. -- 北京：中国文联出版社，2023.6
ISBN 978-7-5190-5259-1

Ⅰ. ①作… Ⅱ. ①冯… Ⅲ. ①知识分子－思想评论－纽约－1937-1952 Ⅳ. ①D771.261

中国国家版本馆CIP数据核字（2023）第131076号

著　　者	冯　巍	
责任编辑	郭　琳　何欣然	
责任校对	胡世勋　赵小慧	
封面设计	贾闪闪	

出版发行　中国文联出版社有限公司
社　　址　北京市朝阳区农展馆南里10号　　邮编　100125
电　　话　010-85923025（发行部）　010-85923076（编辑部）
经　　销　全国新华书店等
印　　刷　北京地大彩印有限公司

开　　本　880毫米×1230毫米　　1/32
印　　张　9.75
字　　数　156千字
版　　次　2023年6月第1版第1次印刷
定　　价　72.00元

版权所有·侵权必究
如有印装质量问题，请与本社发行部联系调换那些希望自己的国家有所作为的人必须告诉人们，应该以什么而自豪，为什么而耻辱。他们必须讲述富有启迪性的故事，叙说自己民族过去的历史事件和英雄人物——任何国家都必须忠于自己的过去和历史上的英雄人物。每个国家都要依靠艺术家和知识分子去塑造民族历史的形象，去叙说民族过去的故事。从某种意义上说，政治领导权的竞争就是民族自我认同的不同故事之间的竞争，或者说是代表民族伟大精神的不同形象之间的竞争。

——[美]理查德·罗蒂《筑就我们的国家：20世纪美国左派思想》（1998）

目 录

绪 论 纽约学派的批评群体生成
 一、大萧条、劳工运动与犹太身份 …………003
 二、社会主义思潮与《党派评论》…………008
 三、波希米亚知识分子与世界主义价值观 …… 019
 四、走向美国主体性的建构 …………………026

第一章 纽约学派的文化激进主义
 一、文化中的政治 ……………………………034
 二、历史意识的捍卫 …………………………043
 三、伦理批评的取向 …………………………055
 四、文学的审美之维 …………………………065

第二章　多元共生的文化批评

  一、马克思主义的社会—历史批评 ············ 078
  二、马修·阿诺德式的人文主义批评 ············ 098
  三、犹太身份的文化表达 ············ 113
  四、弗洛伊德主义的补充 ············ 123

第三章　文学是对人生的批评

  一、文学是什么 ············ 136
  二、小说的道德功能 ············ 153
  三、美国精神的重塑 ············ 175
  四、形式与人生 ············ 196

第四章　文学批评的职责

  一、涅奥普托勒摩斯的隐喻 ············ 209
  二、"为公众"的文学批评 ············ 220
  三、对文学批评自身的反思 ············ 233

第五章　作为学派的终结与批评的未来

  一、文化姿态的建制化 ············ 248

二、从疏离到和解的时代定位 ……………… 254

三、艺术与文化的新景观 ……………… 266

参考文献 ……………………………… 268

后　记 ………………………………… 294

绪　论　纽约学派的批评群体生成

1968年，欧文·豪在《纽约知识分子》一文中首次使用了"纽约知识分子"（The New York Intellectuals）这一说法。① 这是第二次世界大战（以下简称"二战"）前美国文坛出现的一个颇有影响的公共知识分子群体，也可以说是美国最后一批传统公共知识分子。他们参与创办了美国最有影响的知识分子刊物之一《党派评论》（*Partisan Review*），关注社会问题，评论时事、政治、历史、文学，以公众能接受的语言写作。这样的独立群体，乃至独

---

① Irving Howe, "The New York Intellectuals," in *Selected Writings, 1950-1990*, San Diego: Harcourt Brace Jovanovich, 1992, pp.240-280. 英文 "intellectual" 这一概念就其在西方的理解而言，应该译为"智识者"，是指精英化的兼具智慧和卓识的学者，并且在学术思想和社会良知层面具有以此为基点的独立精神、批判精神、开创精神。这与中国化的、民间俗称"受过教育的人"，以及《现代汉语词典》中"具有较高文化水平、从事脑力劳动的人"的"知识分子"概念都是不对等的。关于这个问题的详细辨析，可参见方维规《"Intellectual"的中国版本》，《中国社会科学》2006年第5期。本书仍然使用"知识分子"这种译法，只是尊重约定俗成，在这一概念的内涵上则是采用"智识者"的本义。

作为主体的建构
纽约学派文化批评研究（1937—1952）

立个人，以激进的文学编辑和自由撰稿人的身份崛起，坚持自由的思考和自由的表达，后来即使成为受人尊敬的大学教授，也没有完全接受当时的学院体制的规训。他们大多是出生于第一次世界大战（以下简称"一战"）前后的犹太人，从20世纪30年代末期开始主要通过《党派评论》结成一个群体，30年代末期至50年代前期是他们的主要活跃期。其中的一些批评家作为个体，直到70年代早期，都在坚持从事着文化批评事业，余音不断，最终延续到2003年《党派评论》正式停刊。

"纽约知识分子"，又被称作"纽约派知识分子""纽约批评家""纽约文人集群"，或者"纽约文人"派。广义上的纽约知识分子涵盖范围非常宽泛，除一些文学批评家外，还包括政论家悉尼·胡克（Sidney Hook）、欧文·克瑞斯托（Irving Kristol）、贾森·爱泼斯坦（Jason Epstein），作家德尔莫·史华慈（Delmore Schwartz）、索尔·贝娄（Saul Bellow）、保罗·古德曼（Paul Goodman）、诺曼·梅勒（Norman Mailer）、菲利普·罗思（Philip Roth），艾萨克·罗森菲尔德（Isaac Rosenfeld），社会学家丹尼尔·贝尔（Daniel Bell）、西摩·马丁·李普塞特（Seymour Martin Lipset）、查·怀特·米尔斯（C. Wright Mills），历史学家理查德·霍夫斯塔特（Richard Hofstadter），等等。

现代美国最能左右舆论的知识分子刊物中，直接由这些广义上的纽约知识分子支持或者主编的就有五家，除《党派评论》外，还有《评论》(Commentary)、《纽约书评》(The New York Review of Books)、《异见》(Dissent)和《公众利益》(The Public Interest)。

正是这些纽约知识分子依托这些刊物在20世纪30—50年代扮演了美国知识阶层的核心角色，成为美利坚民族的喉舌和良心。①这些纽约批评家尤其于1937—1952年间以明显的集群方式活跃在美国最重要的文化中心之一纽约，汇聚在美国现代文坛影响最大的学术刊物之一《党派评论》的周围，并且坚守一种与众不同的文化批评（cultural criticism）事业，由此形成了美国批评界的纽约学派（The New York School）。

一、大萧条、劳工运动与犹太身份

伴随着20世纪的到来，美国文学进入了一个激烈动

---

① "The New York Intellectuals and Partisan Review," in *Twentieth-Century Literary Criticism, Vol.30*, Paula Kepos & Dennis Poupard eds., Detroit, London: Gale Research Inc., 1989, p.118.

作为主体的建构
纽约学派文化批评研究（1937—1952）

荡的时代。社会在变革，各种思潮冲击着美国人的思想，文学作品充满了反叛精神和乐观的理想主义。美国高雅文化根基的摧毁、商业社会的悲哀、权力内在的空虚、乌托邦主义的狂热天真、民族意识的日益强烈、从个人解放到思想解放的追求等，使得美国文学在汲取欧洲文化的同时，进一步关注美国精神，提升本土文化。

进入到直接影响了纽约学派成长的20世纪20年代，"迷惘的一代"的现代主义文学虽然深受欧洲现代派的熏陶，但又以独特的表现手法让美国文学别开生面，产生了极其深远的影响。30年代美国的经济大萧条带来了激进主义思潮，带给了文学对美国社会的新的感悟，出现了新的文学形象。"大萧条一代"写就的美国文学为了生存必须拥有独特的个性，福克纳、沃尔夫、多斯·帕索斯、法雷尔、斯坦贝克等美国作家创造了全新的文学类型，赋予美国文学强大的活力。于是，美国文学逐渐走向了成熟，逐渐赢得了与欧洲文学平等对话的地位。美国现代文学记录了一个民族自我发现过程中的重要体验，表明了一个民族的自我省察，其主题就是美国本身。

1929年9—10月，纽约股市暴跌，美国陷入了有史以来最黑暗的一次经济危机。一战以后的暂时繁荣，即

绪　论　纽约学派的批评群体生成

"喧嚣的 20 年代"结束了，席卷全球的"大萧条"时期来临。这是 20 世纪最重要的事件之一。关于这一事件，立足于政治、经济、文化等角度的研究持续展开，甚至在一些学科出现了里程碑式的著述。

美国第一位数理经济学家、20 世纪最重要的经济学家之一欧文·费雪（Irving Fisher），在他的《繁荣与萧条》（*Booms & Depressions: Some First Principles*, 1932）一书中，从整体的商业循环的角度为我们揭示了"萧条时期各种因素盘根错节发生的复杂图景"[①]，其中他把"乐观与悲观"列入引致萧条的九个主要因素，并在"九大因素按发生时间的一个大致的典型次序"中将这个位列第七的因素列在了首发的位置，即"轻微的悲观情绪出现，信心出现动摇"。这种时代性的社会整体悲观情绪，对各阶层而言都是难以逃离的。格林斯潘、伍尔德里奇在他们合作撰写的美国经济发展史中，专门提及了威尔逊曾经于 1932 年到访芝加哥，他还向当时的人们描述了这个城市的破败景象，谈到廉价旅馆的住客、波兰移民、寡妇清洁

[①] ［美］欧文·费雪：《繁荣与萧条》，李彬译，商务印书馆，2018 年，第 173 页。

作为主体的建构
纽约学派文化批评研究（1937—1952）

工等形形色色的人的生存状况。[①]经济危机带来的强烈的文化危机感，对知识阶层带来了严重的冲击。

正如费舍尔在《阿尔比恩的种子：美国文化的源与流》这部巨著中谈到美国移民文化时所说的，"这里的关键概念不是自然人口的代际，而是历史的代际，他们因为重大事件而形成了文化上具有一致性的群体"。[②]可以肯定地说，至少"直到20世纪80年代末，大萧条在情感和理性上产生的影响始终没有从人们的脑海中抹去"。[③]由此20世纪的这次历史波动在政治、经济、社会格局、文化版图（包括教育领域）等方面发生的变化，也明显地反映在了文学艺术领域。

大萧条引发的经济危机更是直接导致了一系列劳工运动。比如，1933年成百上千的失业工人在纽约、底特律、华盛顿、旧金山等城市展开的大游行，1936年通用

---

① [美] 艾伦·格林斯潘、阿德里安·伍尔德里奇：《繁荣与衰退：一部美国经济发展史》，束宇译，中信出版社，2019年，第207页。该书第七章"大萧条"中关于埃德蒙·威尔逊1932年到访芝加哥的描述，转引自 Adam Cohen, *Nothing to Fear: FDR's Inner Circle and the Hundred Days That Created Modern America,* New York: Penguin Press, 2009, p.1。
② [美] 大卫·哈克特·费舍尔：《阿尔比恩的种子：美国文化的源与流》（下），王剑鹰译，广西师范大学出版社，2018年，第1075页。
③ [英] 保罗·约翰逊：《第五版序言》，载 [美] 穆雷·N.罗斯巴德《美国大萧条》，谢华育译，海南出版社，2020年，第33页。

汽车工人的静坐罢工。美国整个经济体及运动形势之严峻使得一系列支持劳工的法案在20世纪30年代出台，1933年在美国国会获得通过的《国家工业复兴法》甚至激进地赋予工人组成工会和组织罢工的权利，美国工会开始扮演具有实际意义的重要角色。但与此同时，美国的个人主义传统仍然在社会中发挥着重要影响。

纽约批评家在20世纪30年代崭露头角时，恰好是犹太移民文化总体上在美国进入了冲出犹太人聚居区，摆脱犹太性束缚，竭力融入成功、高雅、自由的非犹太人世界的发展阶段。因此，纽约批评家就是第一个不再把自己定位在对犹太性怀旧或敌视的关系中，从而走出移民环境的犹太知识分子群体，也是第一代对有关移民的童年记忆并不是似乎完全不可抗拒的犹太知识分子群体。纽约批评家从最初宽松的文化—政治倾向出发，提出对未来的期望时，犹太性在他们的思想上和情感上都没有占据重要位置。① 但最终，这种通过断绝犹太移民源头来融入非犹太人世界所形成的政治激进分子和文化世界主义者身份的结合，不仅凝结为纽约批评家身上所体现的犹太移民文化的

---

① Irving Howe, "The New York Intellectuals," in *Selected Writings, 1950–1990*, San Diego: Harcourt Brace Jovanovich, 1992, pp.240–241.

作为主体的建构
纽约学派文化批评研究（1937—1952）

发展态势，也为纽约学派的文化批评参与美国主流文化的建构拓开了一条独特的道路。

二、社会主义思潮与《党派评论》

《党派评论》经常被认为是美国最有影响的"小刊物"（little magazines），但是，它逃脱了这类刊物朝生暮死的惯有命运，凭借着纽约知识分子这个总体上小而特殊的群体成长为美国最长命、最有声望的严肃刊物，成长为在欧洲受到最广泛阅读的美国知识分子刊物。[①]这一美国著名的文化和政治杂志，从20世纪30年代末到二战之后，不仅使围绕在它周围的编辑、作家和批评家等构成了纽约知识分子群体，而且一直作为美国著名公共知识分子的主要论坛，在美国知识分子公共话语的形成过程中发挥

[①]《党派评论》作为纽约约翰·里德俱乐部的革命文学刊物，1934年2月创立发行。1935年，该刊物前景黯淡，继续以双月刊发行了四期。1936年与另一家马克思主义杂志《铁砧》（The Anvil）合刊，从2月至10月，作为月刊发行了六期，其中7、8、9这三个月未出刊。1937年12月，停刊重组后的《党派评论》首次发行，此后的办刊姿态一直保持着文学与政治的分离，毫不含糊地坚守着知识分子的独立品格。1938年9月，由月刊变为季刊，持续到1939年秋；1940—1943年，则是双月刊；1944年，再次变为季刊；此后也是月刊、双月刊、季刊，不时变换。2003年4月正式宣布停刊。《党派评论》共计发行了70年（70卷）。

绪　论　纽约学派的批评群体生成

了主导作用。

尽管对围绕在《党派评论》周围的知识分子群体边界的圈定有些模糊［比如，对于埃德蒙·威尔逊（Edmund Wilson）是否应该直接归入这个群体，人们的看法有明显分歧］，各个成员与《党派评论》的关系的紧密程度和持续时间长短也区别很大，而且成员之间的政治观念和文化观念并不完全一致，但是，作为一个群体，纽约知识分子在1937—1952年间的核心成员，以及他们的总体性存在，还是清晰可辨的。他们有对相似的人生体验的共同分享；他们有对一个宽泛的社会和文化价值体系的共同忠诚；他们有对彼此的思想观念的共同关注；他们在20世纪30年代末期提出的问题，在二战之后的50年代仍然困扰着他们，持续探讨的结果也很少超出已有的答案。这表明在群体形成时期，纽约知识分子的思想观念就已经基本定型了。①

从其文艺批评的立场来看，这是一个秉持着文化激进主义（cultural radicalism）②精神内核的批评家群体。

---

① Terry A. Cooney, *The Rise of the New York Intellectuals: Partisan Review and Its Circle, 1934-1945*, Madison: The University of Wisconsin Press, 1986, p.5.

② Irving Howe, "The New York Intellectuals," in *Selected Writings, 1950-1990*, San Diego: Harcourt Brace Jovanovich, 1992, p.246.

作为主体的建构
纽约学派文化批评研究（1937—1952）

纽约学派的文化激进主义，不是一种改变政治现实的行动指南，而是一种独立的知识阶层的激进思想。纽约批评家都有着极为广泛的知识兴趣，在文学批评上力主马克思主义批评与现代主义文学的结合。阿尔弗雷德·卡津在回顾20世纪30年代的纽约批评家时总结道："其目的就是毫无限制的自由思考，以及激进主义和现代主义的自由联盟。"① 这种政治和美学之间的连接，特别是民主社会主义和文学现代主义之间的连接，构成了纽约批评家的辩证思维的底色。纽约学派同时与中产阶级社会和现代主义先锋、现实的—社会的—自由的传统和想象的—文学的—保守的传统，以及20世纪物质文化和现代诗学想象都密切相关。② 如果说，现代主义文学常常以一种高傲的方式远离日常生存的世界，而纽约批评家却一直被这个世界深深吸引着，那么，纽约批评家的文化激进主义，就充当了让现代主义文学"回到事实本身"的有效手段。现代主义文学这种高傲的远离，有时也会走向对社会的反动，这又与文化激进主义的批判姿态构成了微妙的呼应。

---
① Alfred Kazin, *New York Jew*, New York: Knopf, 1978, p.44.
② Grant Webster, "New York Intellectuals: The Bourgeois Avant-Garde," in *The Republic of Letters: A History of Postwar American Literary Opinion*, Baltimore: Johns Hopkins University Press, 1979, pp.209–292.

绪　论　纽约学派的批评群体生成

纽约学派所涵盖的文艺批评家，大致可以划分为三代：第一代主要有莱昂内尔·特里林（Lionel Trilling）、威廉·菲利普斯（William Phillips）、菲利普·拉夫（Philip Rahv）、德怀特·麦克唐纳（Dwight Macdonald）、玛丽·麦卡锡（Mary McCarthy）、哈罗德·罗森堡（Harold Rosenberg）、黛安娜·特里林（Diana Trilling）、克莱门特·格林伯格（Clement Greenberg）、弗瑞德·杜贝（Fred W. Dupee）、莱昂内尔·亚伯（Lionel Abel）、埃莉诺·克拉克（Eleanor Clark）；第二代主要有阿尔弗雷德·卡津（Alfred Kazin）、欧文·豪（Irving Howe）、理查德·蔡斯（Richard Chase）、莱斯利·费德勒（Leslie A. Fiedler）、伯纳德·马拉穆德（Bernard Malamud）、罗伯特·马德威（Robert Motherwell）、内森·格莱泽（Nathan Glazer）、小阿瑟·施莱辛格（Arthur Schlesinger, Jr.）；第三代主要有诺曼·波德霍雷茨（Norman Podhoretz）、苏珊·桑塔格（Susan Sontag）、莱斯利·爱泼斯坦（Leslie Epstein）、希尔顿·克莱默（Hilton Kramer）、史蒂文·马库斯（Steven Marcus）。①

---

① 诺曼·波德霍雷茨的《家族树》（*The Family Tree*, 1967）、隆斯塔夫（S. A. Longstaff）的《纽约家族》（*The New York Family*, 1976）中，都明确提出"纽约知识分子"应该划分为三代。

作为主体的建构

纽约学派文化批评研究（1937—1952）

对于纽约批评家而言，埃德蒙·威尔逊是前代批评家中的典范，菲利普·拉夫甚至把他视为纽约学派的价值观念和信仰的化身。威尔逊较为年长，作为这个学派所直接效仿的文学批评家，他对纽约学派文化批评的生成产生了极为深远的影响，因而在关于纽约学派的讨论中不可或缺。莱昂内尔·特里林凭借他20世纪40年代发表在《党派评论》上的一系列文章声名鹊起，随之以其人文主义的伦理批评，成为纽约学派中最有学术影响和社会影响的文学批评家。威廉·菲利普斯、菲利普·拉夫参与创办了《党派评论》，此后在《党派评论》的编辑位置上始终坚守纽约学派的文化激进主义立场，并且逐渐取得了办刊的领导权，而威廉·菲利普斯2002年的辞世直接导致了《党派评论》2003年的停刊。①阿尔弗雷德·卡津凭借着其《扎根本土：现代美国散文研究》（1942）一书对美国现代文学和文学批评的系统总结，从理论领域确立了他

---

① 菲利普斯和拉夫经常被合称为"P. R."，这既是两位批评家姓名的缩写，也是《党派评论》刊物名称的缩写，以此表明他们的亲密合作关系，以及他们对《党派评论》的决定性影响。

绪　论　纽约学派的批评群体生成

在纽约学派中的重要地位。① 欧文·豪则以其《纽约知识分子》（1968）一文里程碑式的反思，成为不可遗漏的一位纽约批评家。因此，埃德蒙·威尔逊、莱昂内尔·特里林、威廉·菲利普斯、菲利普·拉夫、阿尔弗雷德·卡津、欧文·豪这六位文学批评家，作为研究纽约学派不容置疑的关键人物，必将在本书中被给予较多的关注。②

诺曼·波德霍雷茨指出，这些纽约批评家之所以能够紧密地联系在一起，就是因为他们都反对商业主义、大

---

① 阿尔弗雷德·卡津的代表作《扎根本土》（*On Native Grounds*），副书名为"现代美国散文研究"（*An Interpretation of Modern American Prose Literature*），1942年在美国出版，1949年就由冯亦代翻译在中国出版。该书的中译本，即《现代美国文艺思潮》（晨光出版公司，1949），是"晨光世界文学丛书"第一辑的18部译著之一。当时的中华全国文艺协会上海分会和北平分会与美国国务院和美国新闻处合作，组织了一个委员会来编译这套介绍美国文学的丛书。上海方面由郑振铎、夏衍、钱锺书、冯亦代、黄佐临、李健吾、王辛笛、徐迟等人负责，北平方面由马彦祥、焦菊隐、朱葆光等人负责，从1946年开始到1948年底完成了编译工作。这个系列的18部译著，除了《扎根本土：现代美国散文研究》这部文学批评著作之外，还有长篇小说4部、短篇小说5部、散文1部、诗歌3部、戏剧4部。值得一提的是，译者明确表示为醒目起见，把中译本更名为《现代美国文艺思潮》。这一变化显然预设了比原著更大的论述范围，在一定意义上表达了译者对卡津这一著述在中国发生更大作用的理论期待，即不仅限于散文这一体裁，而是要作用于整个文学。本书下文均采用中译本书名。

② 尽管其他纽约批评家也有经典之作，但因超出了20世纪30—50年代的界域，故暂不纳入本书讨论。比如，莱斯利·费德勒既有代表作《美国小说中的爱与死》（*Love and Death in the American Novel*，1960），又有后现代文学思想的发轫之作《文学是什么？——高雅文化与大众社会》（*What Was Literature? Class Culture and Mass Society*，1982）。

作为主体的建构
纽约学派文化批评研究(1937—1952)

众文化、庸俗艺术、中产阶级趣味、学院风气、平民主义、美国式的狂热,以及斯大林主义。[1]欧文·豪也论及了纽约批评家之间的很多共通之处:他们对社会有一种疏离感;他们都是反对斯大林主义和苏联极权主义的激进派和民主(而不是革命)社会主义者;他们喜欢辩论,而且自觉地追求表现出不同寻常的才智;他们关注后启蒙时代的欧洲文化和后浪漫主义时代的美国文化;他们热衷于先锋的文学现代主义和马克思主义理论,尽管反应有些迟缓;他们在文学方面赞赏复杂性、一致性、反讽、合理性、模糊性、严肃性、智性和价值中立;他们自觉且常常有规划地把都市文化和激进政治结合在一起;他们带着强烈的社会—道德意识撰写批评文章;他们把埃德蒙·威尔逊20世纪二三十年代的文章当成典范;他们不喜欢褊狭的学院式学术;他们攻击大众文化(在法兰克福学派之后);他们是犹太血统或者无意识地受到其浸染,常常致力于促进犹太文化;他们有志于引导这个国家,但事实上是一个地区性群体;他们在战后早期或冷战时期成为自由主义者,有时背弃社会主义;他们强烈地反对后现代主义

---

[1] Norman Podhoretz, *Making It*, New York: Random House, 1967, pp.109–136.

绪　论　纽约学派的批评群体生成

和新左派。①欧文·豪概括的这些共同点，作为出自纽约批评家群体内部的声音，当然有其自诩和褊狭之处，但总体上还是做出了客观的评判。这确实有力地佐证了纽约学派作为一个批评家群体，即使在内部分歧严重的时候，也依然能够被视作一个整体。菲利普斯在《〈党派评论〉五十周年文集》的前言中明确指出，"尽管我们的一些思想顺应了知识界和政治环境的变化，我们的学术原则和文学价值观还是相当稳定的"，即"至少大多数时候在评价新的观念和形式方面，保持了传统标准和价值观与探险精神的平衡"。②

纽约学派的群体活跃期，即20世纪30年代末期至50年代前期，大体上与新批评派（The New Criticism）在美国的盛衰同时。新批评作为一种形式主义文论，发端于20年代的英国，以艾略特（Thomas Stearns Eliot）和瑞恰慈（Ivor Armstrong Richards）的理论为代表，30—50年代扩展到美国形成了一个文学批评派别，60年代走向没

---

① Vincent B. Leitch, *American Literary Criticism from the Thirties to the Eighties*, New York: Columbia University Press, 1988, p.82; Irving Howe, "The New York Intellectuals," in *Selected Writings, 1950–1990*, San Diego: Harcourt Brace Jovanovich, 1992, pp.240–280.

② William Phillips, "Partisan Review Then and Now," in *Partisan Review: The 50th Anniversary Edition*, William Phillips ed., New York: Stein and Day, 1985, p.9.

作为主体的建构
纽约学派文化批评研究（1937—1952）

落。这种批评有别于着重探索作家生平、思想背景，以及作品思想、历史、社会政治意义的传统批评，也有别于19世纪以来学院派的传统批评，因而被称为"新"批评。美国新批评派更多地汲取了艾略特早期的文学批评思想，40—50年代在美国学院教育和文人刊物中都占据了优势，兰色姆（John Crowe Ransom）、布鲁克斯（Cleanth Brooks）、韦勒克（René Wellek）等人成为中坚人物。韦勒克、沃伦（Austin Warren）的《文学理论》（*Theory of Literature*，1949）一书，就其效果而言，也许是声援美国新批评派的最著名和最有影响的著作。

新批评所倡导的"转向文本""细读方法"，在20世纪80年代以来的中国文学批评界，也产生了广泛而深远的影响。中国对美国新批评派的研究，或者采取了新批评式的研究，即文本细读的方法，比如，以韦勒克的理论著述为中心来展开研究；或者采取了历时的维度，比如，与70年代独树一帜的耶鲁学派（The Yale School）相参照来展开研究。这两种研究理路，都在一定程度上悬置了共时的维度。然而，正是由于芝加哥学派（The Chicago School）、纽约学派这些立场不同的文学批评群体与美国新批评派的共时存在，现代美国文学批评作为一个整体才没有陷入单向度的歧途，而是得到了相对平衡的发展。其中，纽约学派的文学批评，尽管并未在美国学院教育体系中占据主导地位，但其在现代美国文学批评中的实践价值和理论影响，还是非常值得重视的。

纽约学派与美国新批评派的同时并存，表明文学批评在美国现代并不是只能有一种修辞批评实践，即通过文学文本的修辞性细读方式间接地呈现出对社会的关怀与干预，而是也能够以社会—历史的广阔视野洞察文学并直接指向人生，体现为一种文化批评实践。纽约学派的文学批评也是紧紧依赖于文学文本，也不回避对文学文本的形式主义分析，但不局限于关注文学文本的内部建构，而是最终关注文学文本的人生旨归。也可以说，美国新批评派重视文学批评的手段，即形式主义分析，他们对文本进行深入全面的归纳和条分缕析的探究；纽约学派重视文学批评的目的，即人生，他们包容着文本之内的形式主义分析而走向文本之外的社会生活。

纽约学派为了凸显自身的文化激进主义立场，也把美国新批评派从总体上置于对立面。纽约批评家秉承威尔逊的观点，强烈反对美国新批评派将文学与政治和历史截然分开，支持艾略特、叶芝、劳伦斯的现代主义文学革

作为主体的建构
纽约学派文化批评研究（1937—1952）

命，抵制20世纪30年代拥有政治目标的无产阶级和进步人士对文学现实主义概念的过分简单化，"致力于从文学想象与社会现实的对立中探寻出艺术的能量流入社会的轨迹"①。卡津1942年在《现代美国文艺思潮》中提出美国文学批评简单地趋向两极所带来的种种问题，其中的一极实际上就是形式主义的美国新批评派。随着时间的推移，"尽管在美学评判上有某些相似之处，纽约批评家提出的文学的政治文化观，同新批评家所维护的文学自主的理论，两者之间的界线更明显了"。②菲利普斯1980年曾经回顾了四十年来的美国文学批评史，提出存在着两个支流，即实践批评和理论批评。纽约学派属于前者，其对当代经验、价值判断的关注，指向了现实的、社会的文学分析视角；美国新批评派则属于后者，其倡导的适于教学的批评准则，指向了审美的、语言学的文学分析视角。③

纽约批评家直接面对文学，强调文学经验，并不着意于建构理论体系。他们的著作尽管很早就有译介到中国

---

① 盛宁：《二十世纪美国文论》，北京大学出版社，1994年，第110页。
② [美] 萨克文·伯科维奇主编：《剑桥美国文学史（第八卷）·诗歌和文学批评：1940年—1995年》，杨仁敬、詹树魁、蔡春露、甘文平主译，中央编译出版社，2008年，第285页。
③ "The Statement of Criticism: New Criticism to Structuralism," *Partisan Review*, Vol.47, No.3 (Autumn 1980): 372–373.

的，但迄今为止总量很少，在中国的影响也一直不是非常显明。但他们在美国却是一个有着重要理论价值的学术群体，就是到其影响已经明显衰退的20世纪50年代中后期，它在这个更加文化多中心时代的结构性地位也仍然是不容轻忽的。各种文学批评的存在都是必然的，没有任何一种批评可以独占文学。关于纽约学派的研究，在这一层面上既是对美国新批评派的共时性研究，有助于更加客观地呈现新批评鼎盛时期美国文学批评界的整体面貌，也是对西方文学批评思想的进一步考察，有助于更加客观地汲取其精髓以建构中国文学批评界在21世纪的新面貌。

三、波希米亚知识分子与世界主义价值观

西方学术界从20世纪60年代就开始了对纽约学派的反思，但大多数是掺杂在关于广义上的"纽约知识分子"的研究中，也更多关注这一批评家群体激进主义的政治倾向，较少专门从文学批评的维度对其进行全面的深度考量。而《党派评论》作为纽约批评家第一个且最重要的中心舞台，经常成为研究纽约学派的切入点。詹姆斯·吉尔伯特《作家与党派》（1968）一书是这方面较早的重要

作为主体的建构
纽约学派文化批评研究（1937—1952）

著作。吉尔伯特梳理了20世纪上半叶美国文学激进主义的历史，着重探讨了以菲利普斯和拉夫为核心的《党派评论》的波希米亚知识分子立场。吉尔伯特的叙述坦率中肯，资料翔实，但徘徊于各个期刊群体之间的种种论争，仍然是侧重于政治史而非文学史。他在1992年的再版序言中谈到，如果有机会重写这本书，除了继续坚持对历史根源的探寻，还将会在两个方面加以修正，一是更多地关注《党派评论》编辑和撰稿人的个人经历，二是更多地关注美国20世纪30年代末期文化问题的复杂性。[1]纽约批评家带着个人印迹分享时代文化，制衡《党派评论》发展的具体历程，如同他们的文学论文一样是有价值的。吉尔伯特所提出的两个方面的努力看似相反，但却共同指向了透视并理清纽约学派与政治、文化间的纠结。此后的有关研究则缺乏系统的独到见解，具有批评性和历史性的著作被大量的论文集和回忆录淹没[2]。

直至1986年特里·库内《纽约知识分子的崛起》一

---

[1] James Gilbert, *Writers and Partisans: A History of Literary Radicalism in America,* New York: Columbia University Press, 1992, p.xi.

[2] 这些论文集和回忆录的名单，参见 Terry A. Cooney, *The Rise of the New York Intellectuals: Partisan Review and Its Circle, 1934–1945,* Madison: The University of Wisconsin Press, 1986, p.275: 4。

绪　论　纽约学派的批评群体生成

书出版，这种不太乐观的研究状况才有所改变。库内追溯《党派评论》早年的发展历程，对这个刊物及其周围的杰出人物给予了明晰而冷静的评判，集中探讨了纽约知识分子对建构新的美国文化，尤其是对建构新的美国文学的贡献。他认为，纽约知识分子秉承了世界主义（cosmopolitanism）的价值观。这种价值观抵制对民族、种族、宗教、哲学方面的特殊性的强调，挑战教条主义，反对窄化美国文化发展的可能性，赞赏丰富性、复杂性和多样性，"其核心就是开放精神和进取精神——对于多样和变化的开放；对于充分理解这个世界和获得更高级更广泛的表现手段的进取"[1]。纽约知识分子不是唯一热诚拥抱世界主义价值观的美国知识分子群体，但在1937—1945年却是其主要原则的最有力的捍卫者。库内提出，正是这种世界主义价值观把纽约知识分子长久地结成了一个群体，使他们在1937—1945年把激进主义看作文学的灵光，使他们在20世纪40年代末期向自由主义逐渐转移，但他们一直致力于重建一种成熟得足以与欧洲文学相匹敌的美国文学。库内的这一看法其实有简单化的成分，不仅

---

[1] Terry A. Cooney, *The Rise of the New York Intellectuals: Partisan Review and Its Circle, 1934–1945*, Madison: The University of Wisconsin Press, 1986, p.5.

作为主体的建构
纽约学派文化批评研究（1937—1952）

纽约知识分子从激进主义到自由主义的转变掺杂了民主社会主义、无政府主义等更为复杂的思想因素，就是他们自己关于自由主义内涵本身的认识也难以达成一致。不过，库内强调把纽约知识分子作为一个群体进行研究，并且抓住了其世界主义的价值核心，具有开创性的学术意义。

关于纽约学派文学批评理论与实践的研究，在进入20世纪80年代之后明显增多。其中，从选取的理论视角看，以下三本著作特别值得关注。马克·克鲁普尼克（Mark Krupnick）的《莱昂内尔·特里林和文化批评的命运》（*Lionel Trilling and the Fate of Cultural Criticism*，1986）一书，结合特里林的个人经历、文学创作及所处的时代状况，细致深入地剖析了特里林的批评思想从20世纪20年代到70年代的变迁。他指出，特里林的文学批评在50年代发生了转变，30—40年代和60—70年代分别是社会—历史模式和道德—美学模式占据主导地位，其中，40年代是特里林批评成就最为辉煌的时期。克鲁普尼克在切入点的选择上是极为敏锐的，他探讨了阿诺德、马克思、弗洛伊德和犹太身份对特里林的影响，提及了纽约学派与新批评派、法兰克福学派和结构主义之间的比照。可惜的是，这些方面都更多地指向了特里林的"自我"（the self），过于强调特里林一生从未停息的自我二元对立之间的各种摇摆不定。随后珍妮特·格洛斯（Janet Groth）的《埃德蒙·威尔逊：我们时代的批评家》（*Edmund Wilson: A Critic of Our Time*，1989）一书出版，作者直接将批评家与时代命名在一起。在细读威尔逊对叶芝、普鲁斯特、詹姆斯、普希金等人批评的基础上，格洛斯探讨了威尔逊的批评方法、批评目的及其批评风格，尤其强调指出其中蕴含着法国历史主义批评家圣勃夫、泰纳，以及英国文化批评家阿诺德等人文主义批评传统的深刻影响。文森特·利奇（Vincent B. Leitch）的《30年代至80年代的美国文学批评》（*American Literary Criticism from the Thirties to the Eighties*，1988）一书，则明确地把纽约批评家群体作为一个学派，并设置专章把他们纳入现代美国文学批评的历史进程加以考量。他凭着史学家的客观性，较为全面系统地概括了纽约学派的理论倾向和学术特征，即马克思主义的政治与超越、文化批评的事业、精神分析的补充、现代文学的关注、美国文学诸理论，以及批评和文学的建制化。利奇对纽约学派的概括总体上是准确公正的，但有些论述却因追求描述的客观而失去了历史分析的力量。

作为主体的建构
纽约学派文化批评研究（1937—1952）

中国学术界在总体上是进入 21 世纪之后才开始关注纽约学派这一批评家群体的，而且目前关于纽约学派的研究还不是非常丰富和深入。[①] 这些研究或者以对某一位纽约批评家的学术生涯的纵向梳理为线索，或者以对其重要著述的逐一分析为线索，但是，都更多地表现出对个人生平和文化语境的资料偏好；对纽约学派的文化批评理论与实践的研究，尚停留在转述和点评的工作上，关键问题的错综之处展开不够，阐述的深度也略显不足，没有从总体上加以系统探讨。另外，还有一些文章在评论海明威、菲茨杰拉德、福克纳、纳博科夫、奥斯汀、卡夫卡、普鲁斯特、乔伊斯等作家及其作品时，引用了纽约批评家的观点。在中国所有提及纽约学派或者具体的纽约批评家的学术研究中，这一类文章所占比重较大，同样没有特别专注于对纽约学派文化批评的综合考察。

迄今为止，中国学术界关于美国文学和文化的研究，较多地引进了美国新批评派、耶鲁学派，乃至曾一度流亡

[①] 纽约学派的相关研究，目前主要有译林出版社 2012—2013 年"纽约知识分子丛书"五种，包括魏燕《艾尔弗雷德·卡津》，严志军《莱昂内尔·特里林》，邵珊、季海宏《埃德蒙·威尔逊》，张瑞华《菲利普·拉夫》，叶红、秦海花《欧文·豪》，以及上海三联书店 2012 年梁建东、章颜《埃德蒙·威尔逊的城堡》。以上的专人研究著作均是在其博士学位论文的基础上修改出版的。另外，还有少量其他的博硕学位论文和学术文章，具体可参见本书参考文献。

绪　论　纽约学派的批评群体生成

到美国的法兰克福学派①的思想和著作，对纽约学派则知之甚少。对于研究美国文学批评而言，这种现状从共时和历时的维度上都有所缺失。纽约批评家本身著述浩繁，国外有关研究也有了丰富积淀，目前看来，归纳并力求系统呈现纽约学派独有的文化批评，是值得我们努力的一个课题。即使不谈我们的现当代历史与吸收西方文学理论的偏颇之间微妙的互动关系，就以我们处在中国文学理论发展的关键时期而言，耐心地了解一些我们尚未深入剖析的文学批评视角，也是大有裨益的。在研究威尔逊的文学批评过程中，邵珊、季海宏就认识到，作为"以人文关怀、文化干预为批评目的的传统批评家"，"威尔逊批评的灵魂就是强调对现实的关怀"，"在理论标新立异、术语推陈出新的文学批评气候下，我们重新研究威尔逊就是对人文传统的回归，就是回到文学的最本源。因为，威尔逊代表的是传统的人文主义批评，他是一个真正推广文学的人，他相信人文精神是文学批评之根本，是文学批评的生

---

① 由于犹太血统及与马克思主义的师承关系，霍克海默、阿多诺、洛文塔尔、马尔库塞等人20世纪30年代被迫流亡纽约。1936年，他们在美国重建社会研究所。二战结束后，霍克海默、阿多诺重返德国创办新所，其他人大多选择定居美国，马尔库塞后来成为法兰克福学派美国支系的代表人物。

命"。①纽约学派的文学批评,乃至他们涵盖了其他艺术领域批评的文化批评,可以从这样的意义上整体进入我们的研究视野。

四、走向美国主体性的建构

21世纪已即将过去四分之一,我们已经历了诸多思潮与方法的洗礼,此时不妨看看西方那些重要的,然而被长期忽略的理论脉络,在合理借鉴中更好地致力于中国文学和文化的自主发展。就此而言,纽约学派的文化批评,作为20世纪30—50年代与美国新批评派兴衰同时的一脉,很有学理上和实践上的参考价值。与中国学术界一直关注颇多的法兰克福学派、伯明翰学派不同,纽约学派的文化批评是定位于作为主体的建构。他们的文学批评,通过对美国文学、美国精神的重塑,对美国的主体性进行了很扎实的建构。

本书以美国新批评派为主要参照对象,通过对纽约学派的批评理论和实践进行综合考察,来呈现这一批评家

---

① 邵珊、季海宏:《埃德蒙·威尔逊》,译林出版社,2013年,第7—8页。

绪　论　纽约学派的批评群体生成

群体从 20 世纪 30 年代末期至 50 年代前期文化批评的总体面貌。由于纽约学派成员众多，观点错杂，本书以点带面地选取了威尔逊、特里林、菲利普斯、拉夫、卡津、欧文·豪等六位批评家为主要代表，从纽约学派的精神内核、批评方法、对文学的认识，以及对文学批评的认识等四个方面展开具体论述，审视并反思纽约学派文化批评的理论影响和实践价值。

第一章详细剖析纽约学派文化批评的精神内核，即文化激进主义，将其定位于对美国文学中社会批判传统的继承，对现代主义和激进主义的融合，对知识分子解剖一切的角色的坚持，对美国文化独立自主的发展的坚持。这一部分集中辨析了文化、政治、历史、伦理、审美等因素在纽约学派的文学批评中的地位与相互关系。纽约学派坚决主张文学批评要介入历史，要体现伦理关怀，要关注审美价值。纽约批评家把历史进程中文化的变迁看成了文学创作和文学批评的广阔背景，把政治纳入了整个文化价值的评判体系之中，选择了充当文学—文化先锋派的立场。与此同时，另一些纽约批评家也把文化批评的视角延伸到了电影、戏剧、绘画、雕塑等其他艺术领域，使这一方法得到了更加多元化的展现。

作为主体的建构
纽约学派文化批评研究（1937—1952）

第二章具体从四个方面阐述纽约学派的批评方法——文化批评，主要涵盖了马克思主义所倡导的社会历史维度，马修·阿诺德所代表的知识分子维度，犹太人血统所引发的犹太身份维度，以及弗洛伊德主义所提供的心理分析维度。它们之间相生互动，共同建构了纽约学派文化批评的独特景观。其中，还特别论证了这种文化批评与法兰克福学派的文化批判，以及中国现今流行的文化研究的根本不同。纽约学派的文化批评尽管出自知识分子的精英立场，但追求分析方法的多元综合，充分考虑文学批评的公众效应，成为潜心探究美国文学和文化的传统与个性，以及建构美国精神的有效途径。这样，文学批评不仅指向了对社会人生的呈现与解读，而且指向了对文化的传承与变革。

第三章展开探讨纽约学派对于文学的认识，即文学是对人生的批评。文学批评通常需要寻找一个切入点来阐释作为整体的作品。这个切入点的选择往往表明了批评家的立场，也往往成为批评家心目中"文学是什么"的主导力量。纽约学派看重文学与人生的关系，强调文学的社会功能和道德功能，力图建立历史与文学作品之间的有机联系，提倡客观公允地全面反映人类生活，更多地受到小说这种体裁的吸引。他们努力保持对形式的文学考虑和对内容的社会关注之间的平衡，致力于推动美国文学和文化真正走向个性的独立。他们把文学的模仿、表达和教诲功能相结合，与美国新批评派自治的文本诗学形成对立，确保了文学与人生和社会的道德互动。

第四章集中关注纽约学派对于文学批评功能的深入思考。文学批评究竟在社会生活中扮演着怎样的角色，是一个很难一言以蔽之的问题。纽约批评家对文学批评所应承担的职责表现出普遍的关注，其文学批评与研究对象高度协调一致，产生了深厚的思想意蕴和巨大的人文魅力。他们站在美国历史文化传统的根基上，拒绝成为政治斗争和道德教化的工具，保持着宽广深厚的人文关怀和切入问题的独立视角，致力于使文学批评拉近文学和公众之间的距离，使文学面向公众和服务人生。文学批评理应成为"为公众"的人生批评，保持诗性、社会性和公共性的统一。这正是纽约批评家作为公共知识分子的立场。文学批评既要站在人生与文学之间，也要介入文学且介入人生，同时又超越其上。这种文学批评才能发现文学文本，照亮它们，使有价值的文本得以凸显。

第五章则将视角转向纽约学派作为一个批评家群体

作为主体的建构
纽约学派文化批评研究（1937—1952）

的终结。置身于美国20世纪50年代的激烈文化变迁，纽约批评家自身也大多进入了学院体制，他们的文化批评立场逐渐从疏离变成了和解。随之而来的就是他们的批评呈现出另一种面貌。另外，批评家群体虽然不复存在，立场虽然发生变化，但文化批评的力量还在一些纽约批评家那里延续和展开。纽约学派终结的时代和文化诱因，不仅是探索批评家精神世界变迁的一个很好的切入点，也是审视文化批评的当代意义的一个有价值的窗口。

第一章　纽约学派的文化激进主义

美国在20世纪30年代对激进主义文学的渴望，是出于对20年代"迷惘的一代"缺乏责任感和逃避主义的厌恶，出于对资产阶级个人主义的憎恨，也是出于想把作家与社会融为一体的良好愿望。戴维·马登在《1930年代的无产阶级作家》(1968)一书中提出，30年代的美国文学，"现代主义和激进主义总是别扭地纠缠在一起"。[1] 马尔科姆·考利也认为："30年代的强硬派小说家和大多数无产阶级作家，都是海明威的子孙。"[2] 美国左翼作家整体上是赞同马克思主义的，但是，真正把马克思主义当作崇高的精神信仰，当作值得为之奋斗牺牲的政治目标的

---

[1] David Madden, ed., *Proletarian Writers of the Thirties*, Carbondale and Edwardsville: Southern Illinois University Press, 1968, p.7.

[2] Malcolm Cowley, *And I Worked at the Writer's Trade*, New York: Penguin Books, 1978, p.34.

作为主体的建构
纽约学派文化批评研究（1937—1952）

并不占多数。30年代的经济大萧条迫使美国知识分子在感情上整体背弃了自由资本主义。罗斯巴德（Murray N. Rothbard）在《美国大萧条》（*America's Great Depression*, 1963）一书中尖锐地指出，这场萧条实际上持续了11年，而"大萧条的主要影响在于，美国人开始普遍接受这样的观点，即'自由放任的资本主义'必须受到批判"，甚至可以说，这种普遍的反应使得"一大批人认为资本主义几乎应该受到永久批判"——"如果制定货币财政政策的管理层和那些稳定论者不能将资本主义体系从又一场严重的萧条中拯救出来，这批人将最终转而支持社会主义。对于他们来说，这又一次的萧条是一条最后的证据，它说明对资本主义制度即使进行改革和启蒙也无济于事。"[1] 这场萧条"使人们对市场和资本主义体系效用的信心被摧毁，它被用来说明为什么苏联的计划经济制度能够长期存在"。[2] 马克思主义积极的集体主义价值观契合了美国知识分子对20年代的逃避主义和个人主义做出反思的需要，激进主义的文学表达很快成为这一时期最显著的

---

[1]［美］穆雷·N. 罗斯巴德：《第一版序言》，载《美国大萧条》，谢华育译，海南出版社，2020年，第56—58页。
[2]［英］保罗·约翰逊：《第五版序言》，载［美］穆雷·N. 罗斯巴德《美国大萧条》，谢华育译，海南出版社，2020年，第33页。

第一章　纽约学派的文化激进主义

文化特征，把美国文学中社会批判的传统推到了前所未有的高度。

继马克思在世期间，美国人文社会科学经受了马克思主义的第一次冲击之后，第二次冲击在20世纪30年代的大萧条期间来临了，马克思主义理论深深地渗入人文社会科学各学科中。30年代的美国文学批评，也是马克思主义批评喧嚣热闹的"红色十年"。各路走来的纽约批评家文化背景不完全相同，对马克思主义的具体理解不完全相同，对激进主义运动和激进主义文学的认识也不完全相同。他们既为一个大目标共同奋斗又内部论争不断，他们的激进话语中掺杂了个人的感情成分。但是，纽约批评家总体上都希望能够使现代主义文学致力于解决当时美国的种种文化问题，承认文学作为社会生活的必要组成部分，确实是一种变革人类意识的工具，因而文学家自身必须理解并帮助公众理解人类经验的全部多样性，理解现存的社会结构与人类生活最大的可能性之间存在的断层。可以说，纽约学派的激进主义，作为一种美国式的激进主义，其总体指向是"反斯大林主义的马克思主义"的激进主义，是坚持知识分子自由独立的激进主义。这种激进主义就是威尔逊式的对于文学自身准则的坚持，对于知识分

作为主体的建构
纽约学派文化批评研究（1937—1952）

子解剖一切的角色的坚持，对于政治不能践踏基本的文学价值和知识分子价值的坚持。纽约学派的态度不乏实用主义倾向，把马克思主义当作一剂猛药，用来医治当时病已垂危的美国。这种"马克思主义的美国化"[①]的过程，在很大程度上促进了纽约学派对现代主义和激进主义的融合，促进了纽约学派的精神内核——文化激进主义的生成。

一、文化中的政治

激进主义在纽约学派的文学批评中扮演了重要角色，但是它缺乏政治运动的根基，也没有太多的意识形态力量，更与严格的组织机构毫无干系。纽约学派所坚持的激进主义，与美国激进主义运动的唯一且重要的团体——美国共产党并不是紧密结合在一起的，这与当时西方国家的其他知识分子将激进主义思想和激进主义组织、激进主义运动相联系很不相同。这自然与纽约学派对"政治"这一范畴的界定有关。费德勒指出，纽约批评家眼中的政治，与当时其他的美国知识分子群体不同，仍然是欧洲传统意

---

① David Minter, *A Cultural History of the American Novel*, Cambridge: Cambridge University Press, 1966, p.158.

第一章　纽约学派的文化激进主义

义上的政治。"那种古老的政治热情通过两种方式继续存在着：深信艺术扎根于社会——无论一个人如何理解那个社会——并且必须从那些根源出发来加以探讨；深信难以消除的世俗主义远比一度支撑它的那些革命信念存在得长久。"所以，纽约批评家一直坚持社会学意义上值得争论的命题，以抵制内部批评或者文本批评持续增长的倾向，同时使这些争论免遭斯大林主义者，或者艺术必须代表"进步"思想的所谓开明理论的亵渎。①

纽约学派相信文化的力量甚于相信政治的力量。如果一定要强调纽约批评家是政治的，那么也必须将之理解为他们能够及时响应历史的变化，具有宏大的文化视野，把历史中的文化变迁作为文学创作和文学批评的广阔背景。就文化建构而言，文化中应该包含着严格划分出来的政治因素；就文学创作而言，政治内容不会与人类经验的其他领域相隔绝，而是必须融入完整的个性创造当中；②就文学批评而言，政治作为文化中的一个维度，也必须纳入整个文化价值的评判体系之中。因此，纽约学派对于激

---

① Leslie Fiedler, "'Partisan Review': Phoenix or Dodo?" in *The Collected Essays of Leslie Fiedler, Vol. II*, New York: Stein and Day, 1971, pp.48–49.

② William Phillips [Wallace Phelps] & Philip Rahv, "Problems and Perspectives in Revolutionary Literature," *Partisan Review*, Vol.1, No.3 (June–July 1934): 8.

进主义的真正贡献，并不是关于政治思想的，而是关于文化思想的。纽约批评家最终还是把自己看成是文化激进主义者，而不是政治激进主义者。文化激进主义是一个很难被定义，也许不可能被定义的范畴。蔡斯到了50年代末期也仅仅是强调，这种激进主义没有直接的政治目标，但却指向对华而不实的文化的批判。

《党派评论》作为约翰·里德俱乐部（The John Reed Clubs）纽约支部的刊物，作为美国共产党参与文学运动的延伸，1934年创刊的最初定位就是要更偏重文化功能，专门发表文学作品和批评文章，提供具体的作品分析和广泛的文化批评，以弥补《新群众》（New Masses）偏重政治功能的不足。这也是1934年约翰·里德俱乐部所拥有的一系列"小刊物"[1]的办刊宗旨，与美国共产党成立这个俱乐部的初衷保持了一致，即通过参与"组织作家，培养日益增长的读者，为这两个基本要素在文化生活中提供联系"，以便成为有助于连接文学与人生的手段[2]。《党派

---

[1] 1934年，约翰·里德俱乐部拥有一系列激进主义刊物，包括《左翼前沿》（Left Front）、《左翼评论》（Left Review）、《向左》（Leftward）、《革命之炉》（The Cauldron）、《冲击波》（Blast）、《发电机》（Dynamo）、《铁砧》（The Anvil）、《党派评论》（Partisan Review）、《党人杂志》（The Partisan）、《锤子》（The Hammer）。

[2] Earl Browder, *Communism in the United States*, New York: International Publishers, 1935, p.314.

第一章 纽约学派的文化激进主义

评论》创刊伊始就是作为美国左翼文学运动的激进批评的知识分子阵地。然而，在20世纪30年代的激进主义文学主流中，纽约批评家成长为富于责任感的知识分子的典范，他们保持着一种"独立左翼"的声音，时刻不忘自己的自主性和对抗的天职。为此，《党派评论》经历了1936年的停刊后，又在1937年复刊，并且提出了三点重大修正：一是全面重新评价斯大林式的马克思主义，二是文学和批评中采取自主、宽容、活泼的新态度，三是争取现代主义和激进主义之间的联合。① 这标志着《党派评论》不再是政治运动的先锋，纽约学派也由此旗帜鲜明地宣告了自己作为文学的先锋派，乃至文化的先锋派的立场。

纽约学派的文化激进主义立场，就是现代主义和激进主义二者尽力融合的结果。这种文化激进主义，不是意识形态上的激进主义，而是一种超然的激进主义。它往往不是投射在经济问题上，而是在道德和文化问题上抨击资本主义；它所关心的问题也不是经济问题，而是人的问题。它的最终目的在于促进文化变革，而不是政治、社会层面上的意识形态变革。正是基于这样的一种精神内核，

---

① Harvey M. Teres, *Renewing the Left*, New York: Oxford University Press, 1996, pp.41–42.

作为主体的建构
纽约学派文化批评研究（1937—1952）

纽约批评家把马克思主义、弗洛伊德主义，乃至形式主义都当作文学批评的工具或手段，而不是当作其理论基础。"按照他们的观点，完美的激进主义分子是摆脱一切派系、教条、成见俗套和组织运动的人，是阐明种种问题而不求权势的人，是以培养个人的超然独立来丰富现代文化和社会主义理想的人。"[①]二战之后的《党派评论》在政治上的从左转向右，也没有从根本上改变纽约学派在文学批评上的这种自我定位。因此，纽约学派提供了一个独特的焦点，让我们去洞察文化激进主义在美国与马克思主义、弗洛伊德主义等种种文学批评维度的碰撞融合。

20世纪40年代初期，《党派评论》的编辑们已经意识到，1937年刊物立场的变化显然容易使《党派评论》这一名称引起人们对于刊物目标和性质的误解，曾经设想更名为《四十年代》(*The Forties*)，但由于读者对此表示不满而作罢。不过，这次更名事件再度证明，纽约批评家竭力避免卷入政治派别，争取能够独立思考和独立表达，全身心地探究有关知识分子的问题和文化的命运。拉夫不

[①] [美]理查德·H. 佩尔斯：《激进的理想与美国之梦——大萧条岁月中的文化和社会思想》，卢允中、严撷芸、吕佩英译，上海外语教育出版社，1992年，第405页。

止一次地强调,文化是知识分子在现代社会唯一真正拥有的财富。① 无论是三四十年代的守望欧洲文化,还是50年代的重整美国文化,进而凸显犹太文化,纽约批评家的思考重心都是美国文学和文化的走向成熟。费德勒就明确表示担忧"美国作家不知道怎样成长到老"。② 菲利普斯和拉夫坚持多方寻找他们的文化同盟者,并且对一些群体产生了局部认同。比如,以1940年创刊的《肯庸评论》(*Kenyon Review*)为阵地的艾伦·塔特(Allen Tate)和美国新批评派的其他南方追随者,英国聚集在西里尔·康诺利(Cyril Connolly)的《地平线》(*Horizon*)周围的学者,与大卫·杜宾斯基(David Dubinsky)的国际妇女服装工人联合会(ILGWU)、索尔·列维塔斯(Sol Levitas)的《新领导人》(*The New Leader*)联系密切的孟什维克的社会民主党人和亲纳粹派,以1945年创刊的《评论》为阵地的艾略特·科恩(Elliot Cohen)所发起的反犹太复国主义的美国犹太人联合会。尽管他们与这些群体的关联存在着令人难以置信之处,但这却证明了纽约学

---

① Philip Rahv, "Trials of the Mind," *Partisan Review*, Vol.4, No.5 (April 1938): 9. And "Twilight of the Thirties," *Partisan Review*, Vol.6, No.4 (Summer 1939): 11.
② [美] 莱斯利·费德勒:《文化与政治》,邵德润、刘光炎、邓公玄译,中华文化出版事业社,1960年,第218页。

作为主体的建构
纽约学派文化批评研究（1937—1952）

派确实在不遗余力地拓展文学批评的文化视角。

威尔逊曾经专门撰文分析文学批评家约翰·杰伊·查普曼，把他当作一个有效的文化激进主义者的楷模。威尔逊认为，查普曼的困境在于，他既试图影响美国的命运，又担心自己的正直受到腐蚀，以至于进退两难。他无法相信有组织的政治改革的可能性，又需要一个"智力的立足点"来与"周围社会"建立一种"不可少的关系"。对威尔逊来说，查普曼的这种困境象征着"一个无法适应美国生活但又具有高道德和智力标准的人在美国所处的特殊地位"。查普曼选择摒弃政治权力，依赖于受道德支配的个人行为本身，担任了知识分子批评家的角色，从而度过了危机。威尔逊坚信，知识分子应该永远是个人主义者，一个坚持原则的孤独者，但能够提出人类文明面临的基本问题，并对此进行比任何政治活动家更有说服力的辩论。这样，知识分子就能保持自己的独立性、长于批判的智力和合乎道德的理想，同时又能履行其社会职责。[1]不管知识分子承担了怎样的社会义务，进行不受约束的判断始终是

---

[1] Edmund Wilson, "John Jay Chapman: The Mute and the Open Strings," in *The Triple Thinkers: Twelve Essays on Literary Subjects*, New York: Octagon Books, 1977, pp.133–164.

第一章　纽约学派的文化激进主义

他们必须履行的一种批判使命。其间存在着个人主义和社会义务之间的矛盾。威尔逊力求在这两者之间找到理论答案，建议知识分子要在文化分析与政治活动之间保持微妙的平衡。

威尔逊所描绘的查普曼式的文学批评家命运，很恰切地预示了纽约学派将会遇到的问题。纽约批评家曾经把苏联视为理想国度，然而，由于莫斯科审判的发生和《苏德互不侵犯条约》(*Molotov-Ribbentrop Pact*, 1939) 的签署，他们对苏联的现状感到失望和愤怒，对斯大林主义的政治极权和文化极权非常抵触。但是，他们仍然忠于马克思主义，受到托洛茨基主义的疏离姿态及其对马克思主义基本革命理论的热情追捧的影响，认为托洛茨基主义恰好从马克思主义的观点解释了苏联革命的扭曲。在菲利普斯和拉夫看来，托洛茨基主义既是对苏联的批评，又是对马克思主义的重述，而托派的政治实践对他们几乎没有吸引力。他们的目的是要改变美国文学复兴被党派政治干涉和损毁的现状，在传统美国文学的重新发现和现代欧洲文学的艺术创新的基础上创建一种新的美国文学。因此，纽约批评家从政治上反斯大林主义其实是反对斯大林主义对文学和文化的专断独裁，托洛茨基主义也仅仅是他们暂时

作为主体的建构
纽约学派文化批评研究（1937—1952）

采取的姿态，并没有任何一位纽约批评家全盘接受托派的理论，或者屈从于政党的压力。这种政治观点重新定位了政治在纽约批评家心目中的重要性，降低了政治组织和政治运动对他们的吸引力。

纽约批评家在这个前提下所认可的知识分子的政治，具体到个人的表现上又有一定的差异。麦克唐纳在1937年加入纽约批评家群体之初，就对文化和政治领域的问题显露出更加广泛的兴趣。1943年，麦克唐纳离开了《党派评论》，并于1944年创办了《政治》(*Politics*)。对麦克唐纳来说，托洛茨基主义不只是对苏联的激烈批判，还与他对资本主义半贵族政治的、半无政府主义的批判，以及他自己高度知识分子化的激进主义相契合。他坦率地承认，托派之所以吸引他，就是因为它是由托洛茨基领导的，而托洛茨基的生涯表明，"知识分子也能够创造历史。"[1] 麦克唐纳从1939年开始加入党派组织，就作为政治活动家热情地投身于托洛茨基主义运动的政治思考，考察流行文化、流行小说家，以及电影、戏剧的优劣，探究大众鉴赏力不断退化的原因。与此同时，菲利普斯和拉夫

---

[1] Dwight Macdonald, *Memoirs of a Revolutionist: Essays in Political Criticism*, New York: Meridian Books, 1958, p.15.

作为采取疏离姿态的知识分子，却对文学批评本身的思考不断深化，集中关注普鲁斯特、卡夫卡、乔伊斯、艾略特等20世纪伟大的实验作家，汲取这些现代主义作家艺术精神中所潜在的激进力量。麦克唐纳1943年离开《党派评论》时断言："从现在开始《党派评论》将献身于文化论争，而把多刺的政治领域留给别人。"① 当然，纽约批评家反复声称"远离政治"，并将之视为自身的一种智力优势，实质上只是远离了政治组织和政治运动。他们这种"去政治化"的文化激进主义，还是带着政治的眼光来看待美国文学和文化，并没有拒绝文化中的政治维度，但是，他们相信文化纽带优于社会制度和意识形态的纽带，并且更持久、更有凝聚力。

二、历史意识的捍卫

随着《党派评论》1937年的复刊，以及1943年麦克唐纳的离开，菲利普斯和拉夫的文学批评立场获得节节胜利，逐步确立起他们对于《党派评论》的直接影响和作为

---

① Dwight Macdonald, "Letter to the Editors," *Partisan Review*, Vol.10, No.4 (July–August 1943): 382.

作为主体的建构

纽约学派文化批评研究（1937—1952）

文学复兴领导者的地位。《党派评论》从党派政治的辅助性刊物转变为知识分子刊物中的卓越代表，在培育纽约批评家忠诚于文学和文化先锋地位的进程中发挥了至关重要的作用。《党派评论》上发表的文学作品，除一贯坚持高品质的艺术标准外，从体裁、风格到思想都形形色色，而其中的批评文章却保持了文化激进主义的一贯视角。

菲利普斯和拉夫最初就觉察到了激进主义文学运动所面临的三大问题，即"无产阶级艺术与中产阶级平庸艺术之间的关系、形式与内容的和谐问题、艺术与宣传之间的冲突"。[1]他们反对让文学简单地成为政治宣传和阶级斗争的工具，主张文学要反映文化中持久和新鲜的因素，强调文学的历史必须加以保存——即使是关于中产阶级作家写给中产阶级读者的作品的历史也是文学的传统，激进主义作家也能够从中获得教益。他们把这种历史意识视为解读文学作品的意义所不可或缺的一个维度。菲利普斯坦言，中产阶级的平庸文学也是文学发展和文学传统的一部分，也是马克思主义批评家要面对的主要问题之一。如果感性能够扎根于无产阶级并适应于传统，就具备了创作出

---

[1] James Gilbert, *Writers and Partisans: A History of Literary Radicalism in America*, New York: Columbia University Press, 1992, p.123.

第一章　纽约学派的文化激进主义

好作品的基本条件。[①]在拉夫看来，斯大林主义是令人迷惑的、机械的、反科学的、国家主义的、商业的、历史上倒退的、静止的、独裁的。它象征的不是怀疑，而是盲目的忠诚；不是对文学的批判的自觉，而是对官僚独裁政体的坚持。知识分子是不可能做出斯大林主义所要求的在道德和政治上的妥协的。[②]知识分子与生俱来的唯一权利，就是文化的精神捍卫者，"文化是他们唯一的不动产。他们守护着文化价值，既是养育者又是开拓者"。[③]

为了追求美国文化的独立和扩大美国文化的影响，当时的美国学术界对美国文化传统和美国人的文化意识开展了跨学科的综合研究。其中，发端于历史学和文学研究的"美国学运动"（American Studies Movement）功不可没。帕灵顿（Vernon Louis Parrington）《美国思想史（1620—1920）》（*Main Currents in American Thought*, 1927）一书被奉为美国学的开山之作，20世纪40—60年代正值这一运动的发展鼎盛期。美国学所开创的思想史理论和方法，不

[①] William Phillips [Wallace Phelps], "Sensibility and Modern Poetry," *Dynamo*, Vol.1, No.3 (Summer 1934): 25.

[②] Philip Rahv, "Two Years of Progress–From Waldo Frank to Donald Ogden Stewart," *Partisan Review*, Vol.4, No.3 (February 1938): 22-30.

[③] Philip Rahv, "Trial of the Mind," *Partisan Review*, Vol.4, No.5 (April 1938): 11.

作为主体的建构

纽约学派文化批评研究（1937—1952）

仅在史学界引发了变革，在文学批评界也产生了回应。吉恩·怀斯1979年曾经撰文回顾美国学运动自20世纪20年代以来的发展历程，指出这种系统化的美国研究已经将研究主题集中在以下几个方面：美国存在单一的"美国精神"；"新世界"的地理条件造就了区别于欧洲的美国精神；美国精神存在于每一个美国人身上，但集中且系统地体现于美国思想家的论著之中；美国精神是美国历史的永恒主题；美国学推崇美国的高雅文化和经典文学作品。怀斯还明确表示，文学批评家对这一思想史理论的接受就是出于"对形式主义的反抗"。[①]纽约学派显然选择了跻身于这一洪流之中，其文学批评凸显历史意识和美国精神也就是必然的逻辑。

正是由于具有这些重要的优势，如对社会背景、历史趋势的敏感，纽约批评家才能与其他美国先锋派的拥护者，尤其是美国新批评派，区别开来。[②]纽约批评家所相信的正像后来伊格尔顿在谈及马克思主义文学批评时所指

[①] Gene Wise, "'Paradigm Dramas' in American Studies: A Cultural and Institutional History of the Movement," *American Quarterly*, Vol.31, No.3 (Bibliographical Issue 1979): 306–307, 298.

[②] S. A. Longstaff, "The New York Family," *Queen's Quarterly*, Vol.83, No.4 (Winter 1976): 556–573.

第一章　纽约学派的文化激进主义

出的,"一切艺术都烙有历史时代的印记,伟大的艺术就是烙印最深的艺术"①。纽约学派强调历史,就意味着开放的变化、背景的复杂、连贯的发展。纽约学派坚信存在着一代无与伦比的现代文学大师,他们在这个艰难的时期代表了想象力的最大可能。在一定程度上,纽约批评家为这一代作家赢得了关注和尊重。他们尽管接触到这些现代文学大师的作品在时间上较晚,但比起美国批评界的其他学派,却把这些作品放到了更重大、更紧要、更有价值的文化背景中加以考量。这是因为,他们看到美国文学已经与欧洲文学保持了长久的表亲关系,但在南北战争之后,美国文学开始对欧洲文学发挥影响,踏上了通往欧洲的文化之旅。卡津曾骄傲地宣称:"薛特尼·史密斯(Sydney Smith)之类的欧洲人,再也不能如是发问了,'谁要读美国作品呢?'在一九三三年以后,谁还可以不读一点美国作品呢?"②纽约批评家帮助完成了欧洲文化美国化的进程,但最终目的却在于推动美国文化的独立自主,以及美国文化的欧洲化,即世界化进程,揭示并论证美国精神

---

① Terry Eagleton, *Marxism and Literary Criticism*, London: Methuen, 1976, p.3.
② [美]A.卡静:《现代美国文艺思潮》,冯亦代译,晨光出版公司,1949年,第483—484页。

的历史连贯性和社会一致性。

韦勒克、沃伦在《文学理论》(1949)一书中设专章阐述了他们对于文学史的看法，其中，从形式主义批评的立场出发，突出了文学史与历史的本质区别。他们认为，文学是一种艺术，文学史必须是关于这种艺术的历史，即关于"作为艺术的文学的进化过程"。然而，大多数现有的文学史实质上或者是文明史，或者是批评文章的汇编。前者的历史书写对象不是文学，后者的文学评价不是一种历史。他们还反对以历法、政治或智识意义上的时代来进行文学分期，特别强调文学不是人类社会、政治或智识发展史的消极反映或摹本，主张一个文学时期应该是"一个由文学的规范、标准和惯例的体系所支配的时间的横断面"，文学史就是这个价值系统被采用、传播、变化、综合以及消失的历史。因此，关于"作为模式规定着具体作品的写作"的文学类型的历史，才是"文学史研究中最有前途的领域"。美国新批评派所强调的传统，也就是这个意义上的传统。艺术家的独创性不是背离传统，而是要利用先前的艺术家的成就重新创作，因为"在一个特定的传统内进行创作并采用它的种种技巧，这并不会妨碍创作作品的感性力量和艺术价值"。从这个意义上，韦勒克、沃

第一章　纽约学派的文化激进主义

伦才提出文学史的一项首要任务就是"确立每一部作品在文学传统中的确切地位"。[①] 尽管他们不得不承认，文学传统的变革既有文学既定规范枯荣的内在原因，也有社会、智识和其他的文化变化的外在原因，但还是坚持"文学与具体的经济、政治和社会状况之间的联系是远为间接的"，"文学作品最直接的背景就是它语言上和文学上的传统。"[②] 美国新批评派终究还是把历史逐出了他们的文学视野。

不论韦勒克如何辩称"新批评也有历史意识"，至少他们的文学批评实践并没有证明这一点。"新批评派恰恰就是把文学作品作为一种没有意向性目的性的'单纯具体的感性事物'。"[③] 美国新批评派只孤立地研究单个文学作品，只留意文本形式，悬置了一部文学作品与作品群体、文学史、社会历史的关系，并且正是以这一批评姿态在美国文学批评界和学院教育中产生了广泛而深远的影响。维姆萨特（William K. Wimsatt）、比尔兹利（Monroe C.

[①]［美］勒内·韦勒克、奥斯汀·沃伦：《文学理论》，刘象愚、邢培明、陈圣生、李哲明译，江苏教育出版社，2005年，第302—323页。
[②]［美］勒内·韦勒克、奥斯汀·沃伦：《文学理论》，刘象愚、邢培明、陈圣生、李哲明译，江苏教育出版社，2005年，第115页。
[③] 赵毅衡：《重访新批评》，百花文艺出版社，2009年，第84页。

Beardsley）的《意图谬见》(Intentional Fallacy, 1946)和《感受谬见》(Affective Fallacy, 1948)，更是从理论上将新批评的文本中心主义推向极端。意图谬见是指"将诗和诗的产生过程相混淆"，"其始是从写诗的心理原因中推衍批评标准，其终则是传记式批评和相对主义"；感受谬见是指"将诗和诗的结果相混淆"，"其始是从诗的心理效果推衍批评标准，其终则是印象主义和相对主义"。[1] 他们反对这两种文学批评中的"心理学谬见"，恰恰表明他们从文学创作和文学接受的两端拒斥文学的意向性、目的性，切断了文学文本与作者和读者的意识活动的关系，使文学文本成为一切文学活动（包括文学批评）的绝对中心。

兰色姆在《新批评》(The new Criticism, 1941)中对瑞恰慈、燕卜逊、艾略特、温特斯的共同指责就是心理主义，尤其批评瑞恰慈是"心理主义者"。维姆萨特在《具体普遍性》(The Concrete Universal, 1947)一文中甚至为新批评的客观主义设置出一种"公共心理"，以区别于作者心理和读者心理的私人范畴。韦勒克所强调

---

[1] [美] 威廉·K. 维姆萨特、蒙罗·C. 比尔兹利：《感受谬见》，黄宏熙译，载赵毅衡编选《"新批评"文集》，百花文艺出版社，2001年，第257页。

第一章　纽约学派的文化激进主义

的"内部研究",也是凸显对文学的"本体"即文学作品由语言构成的"符号结构"进行审美的分析,反对进行心理学研究和接受美学研究。正如保罗·德曼所言,"在美国最具影响力的新批评派自始至终未能克服其反历史的偏见"[①]。特里林1946年曾经感叹,"由于德莱塞(Theodore Dreiser)和詹姆斯(Henry James)的并置,我们马上来到了一个昏暗而血染的十字路口,文学和政治在那里狭路相逢。没有人愉快地走向那里,但现在这全然不是一个人是否要走向那里的自由选择"[②]。这种情形意味着批评家必须站在十字路口才能发挥作用。然而,美国新批评派借着"文本细读"(close reading)巧妙地避开了必然的历史抉择,堂而皇之地没有走向这个十字路口。

纽约学派与美国新批评派之间的争论,直接与他们对历史的看法相关联。"排斥文学作品所借以产生的历史—社会原因的研究,这是所有的形式主义包括结构主义的一致的立场。"[③] 美国新批评派之所以获得广泛响应,原

[①] [美]保罗·德曼:《美国新批评的形式与意向》,周颖译,《外国文学》2001年第2期。

[②] Lionel Trilling, "Reality in American," in *The Liberal Imagination: Essays on Literature and Society*, New York: Charles Scribner's Sons, 1976, p.11.

[③] 赵毅衡:《重访新批评》,百花文艺出版社,2009年,第77页。

051

作为主体的建构
纽约学派文化批评研究（1937—1952）

因之一就是他们关于诗歌创造了一片摆脱和超越历史的空间的观点，反映了"从历史中退出"这一在当时社会中居于支配地位的愿望。[①] 美国新批评派在推动对艾略特个人，以及对整个现代主义思潮的接受方面，起了关键性的作用。他们的理论重视分析简短精炼、具有反讽意识的抒情诗，而排斥散漫的、叙事的、不事雕饰的、激情的、观点明确的文学类型，即排斥了人类的文学经验的广阔领域。新批评从方法论上就反对在分析、评价文学作品时使用传记性的或者历史性的材料，以避免"文学以外的"因素掺杂到他们所谓的不带偏见的艺术结论中去。皮尔斯在《历史主义东山再起》（1958）一文中一针见血地指出，美国新批评派的这种方法论分享了"我们文化的病症之———害怕历史"。[②]

特里林毫不客气地指责美国新批评派，认为他们已经把文学作品所具有的历史真实性完全遗忘了。尽管美国新批评派自己也被卷进了历史之中，也做出了种种历史判断与评价，然而，他们却把"历史感弄成同他们的美学观

[①] [美]埃默里·埃利奥特主编:《哥伦比亚美国文学史》，朱通伯等译，四川辞书出版社，1994年，第911页。

[②] Roy Harvey Pearce, "Historicism Once More," *Kenyon Review*, Vol.20, No.4 (Autumn 1958): 571.

第一章 纽约学派的文化激进主义

格格不入了"。于是，在这样的矛盾中，他们竭力把历史的大门紧紧关上，甚至不仅忽略历史，还倡导艺术要从历史的魔爪中解放出来。① 纽约学派作为美国新批评派的批评者，坚决主张文学批评必须要介入历史。菲利普斯坚持纽约批评家都是实践批评家，"在对于作家、运动、思潮和当时文学问题的考察中，最好的实践批评家都有着强烈的历史感、社会意识，以及独特的体验和风格"②。卡津明确提出，"好的文学批评应当具有积极的历史感，即总结出时代精神并鼓励人们超越自己的时代，从更宽的视角来看问题，以便创造一个符合自己想象的未来"，"不仅看到人类的历史，而且重视人在其中的奋斗"。③ 纽约学派的激进主义并不要求作家和批评家抛弃过去，而是提倡应该以一种赞赏的姿态面对文学传统，研究文学的历史，吸收过去的精髓，确保文学的品质。

纽约学派不赞成把激进的政治意识形态与人类经验和历史的其他领域相隔绝，坚持作家必须塑造把阶级斗争

---

① [美] 埃默里·埃利奥特主编：《哥伦比亚美国文学史》，朱通伯等译，四川辞书出版社，1994年，第850页。

② "The Statement of Criticism: New Criticism to Structuralism," *Partisan Review*, Vol.47, No.3 (Autumn 1980): 373.

③ Alfred Kazin, "The Function of Criticism Today," in *Contemporaries*, Boston: Little, Brown and Company, 1962, p.497.

作为主体的建构
纽约学派文化批评研究（1937—1952）

作为实际生活和文化的一部分的人物，坚持作家必须把现代主义文学传统作为激进主义文学背景的一部分。考利认为，如果说，象征主义者躲进了缺乏人类温情的"白色象牙塔"，那么，纽约批评家则从火热的政治实践退回了"红色象牙塔"。[①]这恰恰从对立面的角度肯定了纽约学派坚守独立的知识分子身份，不附属于政治派别，但又具有政治关怀的批评立场。对于纽约学派来说，这种政治关怀必须附属于文化关怀；文学反映政治，但只是把政治这种社会力量作为对现实总体理解的一部分。正是在这种意义上，文学成为激进主义运动的一部分，而真正的文学作品是不能仅仅依据政治煽动性的大小来判断它的优劣的。[②]

纽约学派始终坚信，理解一部具体的文学作品，不是通过其所关联的政治或意识形态，而是通过其内容和形式的具体结合。如果仅仅凭着所谓革命性质的强弱来评判文学作品的优劣，就会不可避免地导致内容与形式的分离。激进主义文学应该能够把二者结合起来，但并不是提供一个内容与形式对应的简单公式。在菲利普斯看来，形

[①] Malcolm Cowley, "Red Ivory Tower," *New Republic*, No.97 (November 9, 1938): 22–23.

[②] William Phillips [Wallace Phelps] & Philip Rahv, "Problems and Perspectives in Revolutionary Literature," *Partisan Review*, Vol.1, No.3 (June–July 1934): 5, 9.

式与内容相互关联结成一体，内容当然决定了形式，但无法预见一种内容就一定会采取某种形式。为了使作品内容与形式融为一体，激进主义作家必须在延续传统文学的感性的前提下，培养出一种新的感性。这种新感性的形成，需要重估文学遗产，建立新的文学标准，修正对传统文化的态度。① 只有把文学作为一个处于历史进程中的整体进行彻底的审度，才有可能收获值得珍视的批评标准，才有可能收获对文学现状以及未来的更深刻的理解。

三、伦理批评的取向

文学既然描写社会和人生，就会始终同伦理道德问题紧密结合在一起。任何文学现象都是一种以伦理为主体的社会现象。文学的伦理批评作为对社会关系中的人的伦理关怀，不仅是可能的，而且是必然的。新批评的形式主义文本分析不仅抹掉了文学的历史向度，也抹掉了文学的伦理向度。文学与伦理的割裂，意味着新批评回避和取消了伦理道德判断，如同其对历史的忽略一样，再度排除了

---

① William Phillips [Wallace Phelps], "Form and Content," *Partisan Review*, Vol.2, No.6 (January–February 1935): 36.

作为主体的建构

纽约学派文化批评研究（1937—1952）

文学与外在因素之间的联系。这在均衡了视文学为教化工具的绝对道德主义倾向的同时，却走向绝对唯美主义和形式主义的另一端。纽约学派的文化批评，则大力彰显文学批评的伦理视角。不论是受到马克思主义和弗洛伊德主义的影响，还是接受人文主义和犹太思想的浸染，纽约学派的文化批评在实质上就是伦理批评。纽约学派与美国新批评派的同时并存表明，文学批评的"大历史"并不是历时性的从语言转向到伦理转向的逻辑序列，而是共时性的文化—伦理取向和形式—语言取向的各为主导。

美国现代的文学激进主义开始于美国正式参与一战之前。在当时种种观念的躁动中，变革（revolution）与复兴（renaissance）后来成为20世纪30年代许多重要文学群体形成的思想根源。[①] 美国的文学激进主义，虽然是变革与复兴并进，但就某一群体的立场而言，或者重政治变革，或者重文化复兴。也就是说，美国的文学激进主义有两条脉络，即政治激进主义和文化激进主义。《党派评论》显然是后者，继承了《七艺》（*Seven Arts*）重文化复兴的立场，而不是《群众》（*Masses*）重政治变革的

[①] James Gilbert, *Writers and Partisans: A History of Literary Radicalism in America*, New York: Columbia University Press, 1992, p.15.

第一章　纽约学派的文化激进主义

立场。①《七艺》主张，文学是对人生的分享、对经验和想象的交流，是民族主义和国际主义的精神之根。② 布鲁克斯（Van Wyck Brooks）和伯纳（Randolph S. Bourne）是《七艺》的核心人物。对布鲁克斯来说，美国最主要的问题在于缺乏有用的文化遗产和未能造就真正的知识分子。只有尚未受到美国文化污染的年青一代，才能在创建新的民族文化的进程中发挥先导作用。伯纳也把文化复兴建立在美国独特的成分混杂的文化遗产的基础上，并将这种新的民族文化寄希望于国际主义的理念，寄希望于年青一代的文化激进主义者。纽约学派延续了布鲁克斯和伯纳试图建构一个新的美国文化传统的立场。在纽约学派这里，真正把文学和政治联系起来的不是政治变革的信念和实践，而是文化复兴的批评视野。这种文化激进主义把政治纳入了文化，将之作为文化中的一个维度。在文化复兴的背景中，纽约批评家从伦理视角表达了他们对文学的思考。

纽约学派特别看重伦理批评的价值，关注文学的道德维度，关注个体与社会的关系。既然文化以价值观和信

---

① 《七艺》和《群众》是美国 20 世纪第二个十年格林威治复兴运动（the Greenwich Village renaissance）中最重要的两种刊物。《七艺》存续于 1916—1917 年间，《群众》存续于 1911—1918 年间。

② *Seven Arts*, Vol.2, No.2 (October 1917): 2.

作为主体的建构
纽约学派文化批评研究（1937—1952）

仰体系为核心内容，以文学作品为载体，文学创作与欣赏过程都受到文化的支配，并在一定程度上体现特定时期公众的伦理价值观念，文学批评也就自然可以采取文化—伦理取向。纽约批评家将文学的伦理批评主要建立在作家的主体性和作品的文本性上，考察其间传统道德与时代精神的衔接，关注文学对人生问题的思索和对人文精神的提升，关注文学批评对公众的引导作用。这样，纽约学派的文学批评就既指向了历史，又指向了现实。伦理道德既与历史和现实密切相关，也有超越时代和社会形态的一面，即其主要规范不以个人或阶层的意愿为转移，比起具体政治信念的存在更普遍更长久。纽约批评家作为公共知识分子实施对社会生活的介入，把文学的自我关怀升华为人生关怀，以一种整体文化观指导人类精神生活，转变社会精神风貌，实现诗性生存和社会至善的理想秩序。这显然体现了一种追求人类的优秀和卓越的价值观念。纽约批评家把这种价值观念作为对公众的普遍诉求提出来，却无法改变它的精英性质，看重的还是人生的精神性和超越性的一面。

　　纽约学派把伦理批评作为一种方法时，依然重视对文学作品的阐释和理解，同时强调文学的社会责任、道

第一章 纽约学派的文化激进主义

德义务等伦理价值。他们所分析的文学作品，尤其是小说，都从不同的角度和方面体现了时代的伦理秩序和道德选择。纽约批评家追求从伦理视角阐释并理解种种文学现象，在其所处的历史环境中去探究文学所蕴含的伦理道德因素带给人类进步的启示，但是，他们并没有简单地运用道德标准评判文学的价值，消解文学作品自身的意义，陷于对伦理命题或文化思想的求证。他们抵制把文学变成单纯的道德训诫，没有停留在好与坏的道德评价层面，而且从未放弃文学和文学批评的社会伦理责任。

如果说文学家敏锐而深刻地感觉和提出了时代的道德问题，那么，纽约批评家的伦理批评则借助作品提供的丰富材料，在肯定艺术性的前提下集中强调文学关于"人自身"的认识和社会教化功能，执着于对人的自由的信念和对民族的精神本质的求索，反对文学远离精神和灵魂，其中也包含了反对技术分析的层面。纽约学派对思想史理论和方法的认同，就不仅是由于文学的伦理批评必然要符合历史发展的总体视野和主体精神，也是由于他们认为文学批评本身就包含着对价值观的评判。思想史研究本身已经直接对新批评的形式主义文本分析提出了挑战，明确宣布要把文学作品作为历史资料加以利用，挖掘其中的文化

作为主体的建构

纽约学派文化批评研究（1937—1952）

蕴含。帕灵顿《美国思想史》（1927）一书的序言一语中的："（在本书中）我选择追溯我国政治、经济、社会发展的轨迹，而不是狭隘的纯文学线索。"[①]

新批评一味强调文学的审美价值，悬置了其他文学批评维度。然而，审美价值却是与伦理价值相互联系、相互依存的——没有了审美价值，文学作品就流于道德训诫；离开了伦理价值，文学作品也就无所谓美与不美。即使是新批评所探求的形式美，也不能脱离社会环境、时代氛围、文学潮流的变迁。新批评这种伦理价值的缺失，导致了它倾向于拘囿在纯学术和教学的圈子里，倾向于不介入社会人生，对推动文学自身发展的影响也就存在着局限性。纽约学派则认为文学的伦理价值应该高于审美价值，而且根本不存在独立的脱离伦理价值的纯美，因此，格外关注作家和批评家作为公共知识分子与社会人生的关系。威尔逊就坚持认为，文学是来自现实的冲动，应该能够为公众解除困惑，提供道德关怀，发现人生的意义。文学的悖论就在于，"它被现实中的反常、冲突、混乱和痛苦激怒，它试图或以诗歌或以形而上学的形式将秩序强加在混

[①] Vernon Louis Parrington, *Main Currents in American Thought, Vol.1*, New York: Harcourt Brace Jovanovich, 1927, p.ix.

乱之上，为冲突找到解决的方法，使痛楚能够忍受——给从我们指尖不断溜走的神秘经验加上永恒的人的思维的印记"，而文学批评"也必须坚定地抵抗这些苦难和忧愁，这些来自现实的不安的冲击"，力求达到一种宁静闲适的境界，既要指出文学作品如何解释这些冲击，又要弥补作家的欠缺之处——"没有来自现实的冲动，那么任何批评或诗歌或其他别的人类的工作都是站不住脚的。"[1]

因此，纽约学派强调文学批评也要有批评家的人生经验和主观情感的介入，也如同文学作品一样具有丰富性和创造性。文学批评家只有对作家产生艺术上和思想上的真挚认同与深刻洞察，才能发现每一位作家的文学个性，才能引导公众把握文学的真谛，才能在文学批评中实现对社会关系中的人的伦理关怀。威尔逊认为，新批评的文章毫无个性，如出一辙地贫乏、枯燥和矫饰，消泯了文学作品的鲜活生命。他甚至因此拒绝了《肯庸评论》的约稿。针对当时美国批评界普遍迷恋新批评的现象，拉夫也提出文学批评是"一种有关文学的文学形式"，它的生存取决

---

[1] Edmund Wilson, *The Shores of Light: A Literary Chronicle of the 1920s and 1930s*, New York: Farrar Straus Giroux, 1952, pp.271-272.

作为主体的建构

纽约学派文化批评研究(1937—1952)

于文学的议题及其基本经验。[1] 卡津认为,"批评应当关注人的理想,关心人们追求的未来和注定的命运。只有把想象力和历史感——对已然发生、当下发生、理该发生的一切都融入对艺术作品的分析中,这样的批评才有意义"。[2] 他反对新批评遁入诗歌的世外桃源,并且赋予文学批评一种规范化的秩序,而强调文学批评也是有个性的,个性化其实就来自批评家个人的深切体会。一篇批评文章的价值并不只是由批评家的立场所决定。只要一个批评家全身心投入到一部作品中,从中产生自己的想法,他就可以持有任何一种在他看来合理的观点。卡津强调,批评不是科学的而是文学的分支,批评也只能提供想象的事实,以内在的感觉做判断,依靠个人的品味和文化。因此,想象力才是批评家存在的理由。[3] 卡津非常重视批评家的个人感悟,终生痴迷于"感悟美国"(the American sensibility)[4],在

---

[1] Philip Rahv, "Criticism and the Imagination of Alternatives," in *The Myth and the Powerhouse*, New York: Noonday Press, 1966, p.72.

[2] Alfred Kazin, "The Function of Criticism Today," in *Contemporaries*, Boston: Little, Brown, 1962, p.498.

[3] Alfred Kazin, "To be a Critic," in *Alfred Kazin's America: Critical and Personal Writings*, Ted Solotaroff ed., New York: Harper Collins Publishers Inc., 2003, pp.508, 510.

[4] Ted Solotaroff ed., *Alfred Kazin's America: Critical and Personal Writings*, New York: Harper Collins Publishers Inc., 2003, p.xv.

第一章　纽约学派的文化激进主义

文学作品中捕捉社会变革对美国人精神上的震撼，努力通过文学批评激发新的思想，塑造美国的"现代精神"。

纽约批评家的这些观念，在一定程度上渗透着阿诺德关于"想象理性"（imaginative reason）的重要思想。阿诺德曾经提出，"现代精神生活的主要元素既不是理智和知性，也不是情感和想象，而是想象理性"。[1]既然批评的宗旨是了解和传播世界上最优秀的知识和思想，那么就必然与现代精神生活密切相关。批评就不能单纯地诉诸理智和知性，或者情感和想象，而是诉诸将二者均衡融会为一体的想象理性。特里林指出，阿诺德相信借助于想象理性这一范畴，就能够弥合心与脑、情感与智识的裂隙。

> 如果我们要理解阿诺德对于他同时代人所发出的呼吁，就必须理解他的批评中的双重紧张。我们追溯阿诺德思想的起伏和令人困惑的经常调整，会发现他的批评是理性至上和信仰至上这两种传统的和解——他从青年时期就开始受到它们之间冲突的困

---

[1] Matthew Arnold, "Pagan and Mediaeval Religious Sentiment," in *The Complete Prose Works of Matthew Arnold, Vol. 3*, R. H. Super ed., Ann Arbor: The University of Michigan Press, 1961, p.230.

作为主体的建构
纽约学派文化批评研究（1937—1952）

扰。这是将这一合题施加到现代生活方方面面的一种尝试。他指引了一条罗盘和星座并用的航程：要理性，但不要把头脑变成机器的冰冷刻板的理性；要信仰，但不要脱离事实的超绝人寰的信仰。①

这样，批评也就借助于想象理性展开了思想性与创造性的双翼。既然批评家的职责就是传播"美好与光明"，那么阿诺德则直接提出要用公允平实的语言进行批评，这样才能使作品更好地为公众所接受，最大限度地发挥文学的道德力量。

由于批评与经验的、情感的对象有关，纽约批评家的伦理批评在挥洒渊博与深远之际，自然会采取更加感性的表达方式，充满辩论色彩，具有多样化的语言风格。比如，威尔逊洋溢着激情的博学深思，特里林展现出自由驰骋的绅士化写作，拉夫拥有富于审美感受力的生花妙笔，卡津吸收了都市底层对社会的愤怒。欧文·豪指出，纽约批评家以高度自觉的写作姿态发展了一种才华横溢的风格：文章征引广泛，文学术语与政治术语混搭，有时一项

---

① Lionel Trilling, *Matthew Arnold: With an Additional Essay "Matthew Arnold, Poet"*, New York and London: Harcourt Brace Jovanovich, 1977, pp.193-194.

声称关于一位作家或一个文学群体的研究，却由于某种压力溢出了本来的主题，指向一些围绕着它的道德或社会观察。① 菲利普斯反对让新批评成为一种职业训练，去指导人们解释文学作品，因为没有人生经验，没有价值观，没有判断力，就不能够真正理解文学作品。他一直坚信"批评必须提升价值观和做出判断"，"通过与当代思想和创作潮流结盟，呈现与文学走向相关的问题，以及文学与其他文化因素的关系，最好的批评做到了这一点"。②

四、文学的审美之维

不管纽约批评家各自一时的信念有何变化，文化激进主义却是他们持久的兴趣所在。反斯大林主义与反形式主义，构成了纽约学派文化激进主义的两条清晰"边界"。反斯大林主义不等于否定马克思主义，反形式主义不等于拒斥文学的审美维度。他们恰恰是站在马克思主义的立场上，展开了与形式主义的对话。在纽约批评家看

---

① Irving Howe, "The New York Intellectuals," in *Selected Writings, 1950–1990*, San Diego: Harcourt Brace Jovanovich, 1992, p.261.
② "The Statement of Criticism: New Criticism to Structuralism," *Partisan Review*, Vol.47, No.3 (Autumn 1980): 383.

作为主体的建构
纽约学派文化批评研究（1937—1952）

来，文学既不是政治宣传的工具，也不是只能满足人们审美需要的载体；文学既要有文化的地基，也要有审美的视角。

在文学批评领域中，诗歌学或语言学批评模式与解释学批评模式，一直代表了两种貌似对立的批评方法。前者侧重于研究文学文本内在的语言修辞问题，后者侧重于研究社会、文化、心理等方面的外部语境对文学意义的产生所发挥的作用。一般来说，形式主义批评大都采用语言学模式，马克思主义批评、心理分析批评、文化批评大都采用解释学模式。但是，对于具体应该用什么方法进行文学批评，批评家们的态度往往具有相当的包容性。批评家们实际上常常将这两种批评模式结合起来，以期更好地阐释文学。虽然各自进行文学批评的侧重点不同，但纽约学派和美国新批评派都认为形式不能脱离内容。纽约学派与美国新批评派，作为同一美国文化的继承人更是有着千丝万缕的联系。这种联系不仅有现实生活中的交往，也有思想上的沟通和共鸣。从文学批评层面看，二者在一定程度上互为选择性、补充性的存在。

美国新批评派虽然巧妙地躲避历史，突出强调文学形式，但远非只在意纯正的审美，而是也有其内在的人文关怀和人文主义追求。尤其是在早期，美国新批评派对社会和文化的基本问题很有兴趣，对宗教和历史也有敏锐的感觉。即使他们在批评实践中把这些问题置于"非审美的"，即"非文学的"地位而不予以分析，也从未在理论层面上完全否定这些方面的存在价值。兰色姆不仅为《党派评论》撰稿，聘请拉夫和史华慈在他那里任教，还邀请特里林担任《肯庸评论》编委会成员。兰色姆在20世纪40年代写给特里林的一些信中非常坦率地说道："我高度赞赏你对社会责任的研究。""你的兴趣和我的兴趣并不是总能用同一种语言说话，但是它们的确是几乎相同的兴趣，想到这一点真令人欣慰。""我越来越觉得我与你的品味和判断变得一致了。"[①] 韦勒克1958年在文体研讨会的总结性发言中明确提出，文学当然不是对现实的复制，但诗人的世界与日常现实相关，文学批评也因而不能逃脱与现实世界的联系，批评家必须超越单纯的语言学和文体学的层面，走向诗学。他还特别强调，文学分析开始之处就是语言学分析终止之处；文学批评也不是文体学，尽管文体学确实是文学批评的重要构成部分，但仅仅是其中的

---

① See *Ransom to Trilling*, 4 September, 1942; 10 May, 1945; 16 November, 1945, in *Trilling Papers*.

作为主体的建构

纽约学派文化批评研究（1937—1952）

一部分。作为一种价值研究，文学批评是对文学的结构、标准、功能等文学知识的系统追求。[1]

尽管纽约批评家显然是现实主义地迷恋于美国生活的细节，追求文学批评中的文化—伦理分析和辩论色彩，但是他们也关注文学的审美价值，努力把新批评的美学模式纳入自己的历史模式。马克思主义能够帮助人们对文学作品的由来和社会意义有更加清晰的认识，可是"如果一个人对文学没有真正的理解，而仅仅是用马克思主义理论去看待文学的话，他很有可能误入歧途。首先，通常的事实是：高层次作品的主旨不是一个简单的要点，而是对事物错综复杂的感知和洞察，所以它是暗示的、含蓄的，而不是清晰的、坦白的；如果读者没有从艺术的高度去把握它们，而仅去寻找那些简单的教义就会陷入不可救药的困惑之中"[2]。威尔逊在这里批评了美国学术界把马克思主义当成了简单粗暴的教条，把文学作品当成了现实政治的传声筒的错误倾向。他主张文学的价值必须既要在其社会意义的基础上来作出判断，也要在其艺术技巧的基础上来作

---

[1] René Wellek, "Closing Statement," in *Style in Language*, Thomas A. Sebeok ed., Cambridge: MIT Press, 1966, pp.408–419.

[2] Edmund Wilson, "Marxism and Literature," in *The Triple Thinkers: Twelve Essays on Literary Subjects*, New York: Octagon Books, 1977, p.205.

第一章 纽约学派的文化激进主义

出判断；表达正确的思想也要依赖于技巧的革新和文体的独创性。特里林作为艾伦·塔特、克林斯·布鲁克斯、罗伯特·潘·沃伦的同代人，在将文化—伦理分析与形式分析相结合这一点上尤其突出。特里林就算在《党派评论》从事编辑工作时，也坚持认为文学作品既是观念和价值观的核心，又是一个符号结构。当然，纽约批评家进行文学文本分析的目的，还是为揭示其所涉及时代的思想本质服务的。

纽约学派把文学和文化紧密相连乃至融合的倾向，使得这些批评家能够运用许多批评方法展开批评——从作家传记到历史观念，从宽泛的类型研究到心理分析，同时也不会抛开文本解读、价值批评和社会学分析。特里林就认为，文学批评可以对一部文学作品使用任何工具以发掘它的意义。具体说来，既然文学是社会经验的镜子，从而瞄准了社会整体，那么文学批评和文化的紧密相连，就不仅是可能的，而且是本质上的。这就意味着，文学批评不仅与社会学的、历史的和道德的观点相关，而且与文学的和美学的观点相关。纽约批评家坚守文化激进主义，即坚守现代主义和激进主义的融和，也就最直接地意味着文学批评中的审美维度和政治维度缺一不可。当然，他们

作为主体的建构
纽约学派文化批评研究（1937—1952）

坚持"文化中的政治"，应该融入充满个性的艺术创造之中。20世纪30年代的无产阶级文学，问题恰恰就在于缺乏美学准则，没有正确看待文学和政治之间的界线。[①]因此，纽约批评家认为，那些保守派，如叶芝、艾略特的文学作品，在这一意义上是优于左翼作家的。尽管纽约批评家把审美分析限定于服务社会历史分析，但它仍然在纽约学派的文化批评中发挥着重要作用。

纽约批评家把文学批评当成了一种评价方式。他们的狭义上的政治，最终只在其文化批评的实践中占据了一个有限的位置。正如《党派评论》的编者在1943年夏季刊所言："我们不能同意让艺术和文学从属于政治趣味。"然而，纽约学派尽管由此在美国新批评派那里发现了与自己共通的一面，即为文学的融合和文化现代主义进行辩护，却仍然不赞同美国新批评派在实际批评中只关注文学文本的严格检验的做法。拉夫、卡津和欧文·豪都曾批驳过这种美国式的形式主义。他们认为，美国新批评派坚持了一种出于理想主义的不平衡，即为了全神贯注于技术的唯一维度，被迫从意义退却，这就等于逃避了寻求统一的

[①] Philip Rahv, *Essays on Literature and Politics 1932–1972*, Arabel J. Porter & Andrew J. Dvosin eds., Boston: Houghton Mifflin, 1978, p.295.

第一章　纽约学派的文化激进主义

文学批评方法的责任。[①]它那种缜密复杂的文本分析，还是不免流于精心装扮的琐屑。针对新批评最终呈现出的还是执于形式之一端，纽约学派特别注重潜移默化地灌输文学对社会思想的尊重，倡导文学是一个统一体的观念，以纠正这种唯美主义的过度泛滥。

如果说纽约批评家在20世纪40年代初期还是勇敢的、毫不含糊的，1948年发生的庞德获奖事件却使他们不再那么确定自己的想法。[②]他们不得不好好衡量一下自己所主张的文化批评中的历史因素与美学因素，到底哪一个分量更重些。尽管二者的关系错综复杂，很难轻易地分开，欧文·豪后来还是解释了纽约批评家当时的立场，明确赞同威廉·巴雷特（William Barrett）的观点，即审美并不是人生的首要因素，那种把审美判断放在首要位置的态度也并非一成不变的，而是取决于各种历史的、社会的

[①] William Phillips & Philip Rahv, "Some Aspects of Literary Criticism," Science and Society, Vol.1, No.2 (Winter 1937): 213.

[②] 1948年，美国诗人埃兹拉·庞德正由于1945年曾经为意大利法西斯作过反美宣传，被押回国以叛国罪待审，却在此时凭借他写于1945年的《比萨诗章》(The Pisan Cantos) 获得了声望很高的国会图书馆首届博林根诗歌奖(the Bollingen Prize for Poetry)。这个消息一经宣布，就引起了激烈的争论。艾伦·塔特、艾略特此时都是评奖委员会成员。纽约批评家承认庞德诗歌的艺术价值，但反对把这一奖项颁给一个在作品中包含强烈的反犹情绪的法西斯主义分子。

作为主体的建构
纽约学派文化批评研究（1937—1952）

和道德的条件，因此，"我们不得不日益培养一种对形式主义美学主张的谨慎"[1]。另外，纽约学派也在这一问题上对现代主义文学表现出质疑。特里林曾经对他自己长期赞赏并谈论的现代主义作家表达了一种矛盾的情感。拉夫批评吉恩（Jean Genet）小说中的现代主义成分几乎切断了作品与道德价值的联系。在此，纽约学派把美学要求放在了次要位置，历史、社会和道德因素则居于更重要的位置。审美分析是基本的、必要的，但对于文化批评而言，仅有审美分析是不充分的，审美分析只能作为文化批评之一维而存在。

美国新批评派的艾伦·塔特却屡次为庞德的获奖辩护。他明确反对诗人必须承担"对道德的、政治的和社会的健康状况要尽的责任"，特别否认了诗人应当承担政治责任，强调诗人的责任在于"熟练地掌握一种他能运用自如的语言"。[2]因此，塔特只是谴责庞德以诗人身份介入政治，而并没有谴责庞德的政治立场。在他看来，诗的优劣评价标准完全与诗人的政治立场无关。这

---

[1] Irving Howe, *A Margin of Hope: An Intellectual Autobiography*, New York: Harcourt Brace Jovanovich, 1982, p.155.

[2]［美］艾伦·退特：《诗人对谁负责？》（1949），牛抗生译，载赵毅衡编选《"新批评"文集》，百花文艺出版社，2001年，第513、525页。

种诗人的文学创作与社会行为之间关系的割裂，实际上是延续了塔特"张力"（tension）论中关于"传达谬见"（fallacy of communication）的观点，即反对在诗歌创作和批评理论中过分倚重感性和重视"传达诗"（poetry of communication）或"社会诗"（social poetry），提出诗的意义，即诗的张力应该是"在诗中所能发现的全部外展和内包的有机整体"①，最好的"张力诗"就是玄学派的诗。这里所强调的诗歌中感性与理性的结合，其实还是从新批评的文本中心主义出发，关注诗歌的审美维度，摒弃了文学批评的社会—历史维度。

总之，纽约学派由于在文学批评的实践中坚守的社会学、历史、道德规范、政治和美学维度，构建了战后早期美国的一种与众不同的批评范式②。纽约学派的文化批评以其追求综合均衡的方法论，与美国新批评派的执于形式之一端，形成了鲜明的对照。欧文·豪乐观地认为，"如果在今后几年里我们的批评的确呈现出我现在所设想的局面，即打破批评流派的界限，趋向于多元共生，巩固

---

① ［美］艾伦·退特：《论诗的张力》（1937），姚奔译，载赵毅衡编选《"新批评"文集》，百花文艺出版社，2001年，第130页。

② Vincent B. Leitch, *American Literary Criticism from the Thirties to the Eighties*, New York: Columbia University Press, 1988, p.89.

最新的成就,不刻意追求文风和腔调的话,那么美国最好的批评家们便能更贴近美国文学本身。"① 透过纽约学派第一代的另一些成员,如麦克唐纳、格林伯格,这一文化批评范式也延伸到了电影、戏剧、绘画、雕塑等其他艺术门类,得到了另一些维度的多元化展现。②

---

① [美]欧文·豪:《现代文学批评》,格罗弗出版社,1958年,第34页。转引自叶红《欧文·豪——一位不该被历史风尘淹没的当代美国社会文化批评家》,《外国文学动态》2006年第2期。

② 比如,1939年,格林伯格发表了他的成名作《前卫与庸俗》(The Advant Garde and Kitsch)。这一年,苏德互不侵犯条约签订,专制势力在欧洲扩散,文化危机开始愈演愈烈。此后,他更多地把批评触角伸向了文学之外的其他艺术领域,着重指向了绘画和雕塑。

第二章　多元共生的文化批评

西方文学批评的文化维度是一股从未中断的血脉，即使在新批评雄踞巅峰之时也始终存在。当美国新批评派的理论余绪凝定为一种文学研究的操作方法时，文化批评的维度就更加显明了。无论是在政治立场较为一致的20世纪30年代，还是在内部走向分歧的40年代以及之后的岁月，纽约学派主要作为一个文学批评家群体的重要支撑，就是对思想自由和表达自由的坚定信念，以及把文学批评置于广大的文化背景中的理论选择。纽约学派的文化批评所提供的文学想象和社会存在的结合，是纽约批评家集结为一个群体的基石，也正是这一点把他们与同时存在的美国新批评派区别开来。[1]

在威尔逊那里，纽约学派的文化批评已经初露端倪。

---

[1] Vincent B. Leitch, *American Literary Criticism from the Thirties to the Eighties*, New York: Columbia University Press, 1988, p.88.

作为主体的建构

纽约学派文化批评研究（1937—1952）

威尔逊在《文学的历史阐释》（1938）一文中提出的"历史批评"（historical criticism），为纽约学派的文化批评提供了一个有启示意义的范型。[1] 他关于文化批评的多维构想，前提就是文化要承担作为文学获得最大限度的理解和欣赏的基石的义务，其中涵盖了社会分析、经济分析、心理分析和审美分析四个维度，政治视角被置于社会分析的诸因素中。威尔逊在《创伤与神弓》（1941）中对菲罗克忒忒斯神话的分析，就是他所倡导的这种文化批评的最佳范例。他从古希腊戏剧《菲罗克忒忒斯》中获得的灵感和隐喻，也是他对传统文学批评方法的一次独树一帜的超越，对纽约学派的后来者有着不容忽视的影响和启示。

菲利普斯1984年在谈到"我们的国家和我们的文化（1952）"这一专题讨论时，开宗明义就指出纽约学派当初关注的问题有着特殊的时代性。[2] 当时的选择主要集中在美国知识分子是作为民族主义者认同他们自己的国家和

---

[1] Vincent B. Leitch, *American Literary Criticism from the Thirties to the Eighties*, New York: Columbia University Press, 1988, p.90.

[2] "我们的国家和我们的文化"（*Our Country and Our Culture*）是纽约批评家一直关注的核心议题。历经了半个世纪之后，《党派评论》在2002年再次续写了这个题目，此时的副标题为"1952—2002年美国知识分子、艺术家和科学家作用的变化"（*The Changing Role of Intellectuals, Artists, and Scientists in America 1952–2002*）。

第二章 多元共生的文化批评

文化,还是作为国际主义者把他们自己当成局外人;是关注他们自己的国家,以及与之密切相关的民主价值的生存问题,还是关注其他人或者人类整体的命运问题。菲利普斯认为,当时的美国文化对欧洲传统既艳羡又拒绝,但美国自己又没有过去;当时的美国文学创作更多地是来自作家的个人经验,而不是来自美利坚民族的记忆。所以,早期美国文学的发展,从根本上是一个文化问题。[1] 对于纽约批评家而言,一部文学作品就是一个可以进行各种分析的文化现象。文化是多维的和动态的,既与经济组织和社会组织、民族传统和道德规范、宗教信仰和批评实践相关,也与政治体系和价值准则、知识趣味和艺术传统相关。因此,纽约学派的文化批评自觉地接纳了多方面的影响,提倡运用多种文学分析方法。这里所使用的"文化批评"这一概念,就其外延而言,它在根本上与法兰克福学派的文化批判(kulturkritik),以及伯明翰学派的文化研究(cultural studies)不同;就其内涵而言,它本身又关涉到四个基本维度,即马克思主义所倡导的社会—历史维

---

[1] William Phillips, "Our Country and Our Culture," in *Partisan Review: The 50th Anniversary Edition*, William Phillips ed., New York: Stein and Day, 1985, pp.286–293.

度、马修·阿诺德（Matthew Arnold）所代表的知识分子维度、犹太人血统所引发的犹太身份维度，以及弗洛伊德主义所提供的心理分析维度。这四个思想来源在纽约学派的文学批评中呈现出较为复杂的面貌，下面将对此详加辨析。

一、马克思主义的社会—历史批评

《党派评论》作为一份享有盛誉的左翼知识分子刊物，当然不可能与马克思主义脱离联系。但是，这一刊物所倡导的马克思主义批评究竟是一种怎样的批评，其间的错综复杂尚须仔细考量。《党派评论》虽然创刊于1934年，但其独立意义上的文学批评的历史却应该从1936年底停刊后又于1937年复刊时算起，直到2003年4月正式宣布停刊。另外，纽约学派虽然与《党派评论》关系密切，但这些文学批评家作为独立知识分子，他们的文学批评立场并没有受到这一刊物的直接制约，他们发表观点的途径也不仅限于此，而且他们彼此的文学批评之间不是简单的一致关系。《党派评论》与纽约学派在思想倾向上不能够完全画等号，前者的激进色彩更浓，后者的知识分子

第二章　多元共生的文化批评

色彩更浓，尤其是在特里林这样温和而敏锐的最外围成员的制衡下。格兰维尔·希克斯在他著名的《伟大的传统：内战以来美国文学阐说》(1933)一书1969年的再版跋语中反思了他自己早年的文学批评，明确表示"马克思主义曾经是说明文学现象的一个有用的工具，可是和评价毫无关系"。[①] 纽约学派运用马克思主义进行文学批评，在总体上同样是把马克思主义视作一种批评方法。但即便如此，经典马克思主义的文化视野，还是在纽约学派的文学批评中得到了鲜明的体现。诚如安德森（Perry Anderson）所言，"西方马克思主义典型的研究对象，并不是国家或法律。它注意的焦点是文化"[②]。在《党派评论》1937年复刊宣言的最后，编者明确提出，刊物的编辑重点"主要放在文化及其更为广阔的社会影响因素上"：

> 文化中的马克思主义，我们认为，是首要的一个分析和评价手段；如果最后它胜过了其他体系，也是通过民主论争的媒介达到的。《党派评论》将愿

[①] Granville Hicks, *The Great Tradition: An Interpretation of American Literature Since the Civil War*, Chicago: Quadrangle Books, 1969, p.309.
[②] [英] 佩里·安德森：《西方马克思主义探讨》，高铦等译，人民出版社，1981年，第97页。

作为主体的建构
纽约学派文化批评研究（1937—1952）

意提供它的版面，成为这样的媒介。①

尽管西方马克思主义文学批评传统的主流都是一种文化路向，但纽约学派的文化批评无论是与法兰克福学派的文化批判，还是与伯明翰学派的文化研究，都不能简单地等同。这里可以先从社会—历史批评的视角看看纽约学派与法兰克福学派的不同之处。法兰克福学派还是在一定程度上继承了经典马克思主义对资本主义的严峻批判立场，恪守知识分子精英主义的精神价值，坚决对抗发达资本主义的物化趋势，抵制文化成为维护现存秩序和操纵大众意识的工具。他们全盘否弃大众文化，推崇高级文化，赞赏其批判现实、否定现实、超越现实的价值；与此同时，忽略公众接受高级文化的可能，捍卫知识分子的精英地位。他们精于思辨，理论厚重，明显学院化和书斋化，同时又追求思想成为针对现实的革命性否定，防止其落入理性畸变的渊薮。纽约学派则追求宽广综合的学术视

---

① "Editorial Statement (1937)," in *Partisan Review: The 50th Anniversary Edition*, William Phillips ed., New York: Stein and Day, 1985, p.13. 尽管此时《党派评论》编委会有 6 位成员，包括威廉·菲利普斯、菲利普·拉夫、弗瑞德·杜贝、德怀特·麦克唐纳、玛丽·麦卡锡、乔治·莫瑞斯（George L. K. Morris），但这篇复刊宣言却主要是由威廉·菲利普斯、菲利普·拉夫两个人精心策划的。

第二章 多元共生的文化批评

野,强调批评方法的多样化,勇于汲取各方面的批评理论,甚至包括与之歧异的美国新批评派的理论。他们忠实于文学编辑和自由撰稿人的最初身份,追求思想与文采并茂,充分考虑文学批评的公众效应。他们虽然站在知识分子的精英立场,但借助于文学批评这一媒介,致力于将高级文化推近公众,向公众渗透,从而总体上提升公众的文学品位和文化精神。尤其在20世纪50年代的美国,这种文化立场的反差遵循着各自的理论逻辑,已经由隐到显呈现为鲜明的对照。当纽约知识分子群体中的社会学家丹尼尔·贝尔大谈"意识形态的终结"之时,法兰克福学派的美国代表马尔库塞却在专攻"发达工业社会意识形态研究"。这样,文学和文学批评在法兰克福学派那里,就是从政治和意识形态的高度,摧毁资本主义社会文化霸权的重要手段;在纽约学派这里,则悬置了它们的意识形态批判力量,成为潜心探究美国文学和文化的传统与个性、建构美国精神的有效途径。

与此同时,纽约学派批评斯大林主义,拒斥无产阶级文学,赞同托洛茨基的文学观点(尽管对其政治观点的赞同非常有限),这些立场使纽约批评家与美国马克思主义者以及传统的左翼产生了距离。尽管他们站在美国左翼

作为主体的建构

纽约学派文化批评研究（1937—1952）

的政治立场上，也关心对马克思主义的探索，但他们的首要目的却是重建激进传统与现代文学传统的和谐关系。特里林把包括自己在内的纽约批评家称为"反斯大林主义的马克思主义者"（anti-Stalinist Marxist）。与美国绝大多数左翼人士把无产阶级文学看作对马克思主义最恰切的回应不同，纽约批评家发觉当时的无产阶级文学哲学上乏味、美学上陈腐，倡导将现代主义作为必不可少的解放力量取而代之。同时，他们大多非常认可悉尼·胡克这位纽约知识分子群体中唯一职业的政治理论家的立场，崇尚进化而非革命。因此，尽管在《党派评论》上关于乔伊斯、托马斯·曼、卡夫卡、普鲁斯特等现代作家及其作品博大精深的讨论，总是伴随着对资本主义成败的剖析，吉尔伯特（James Burkhart Gilbert）却认为，菲利普斯和拉夫在这份刊物的办刊宗旨上越来越倾向于把文学和政治分离开来，并且更加集中精力于文学。[1]尤其是进入40年代，《党派评论》逐渐变成美国最受尊崇的文学期刊之一，文学更是成为纽约批评家首要的关注对象。

具体比较起来，美国20世纪二三十年代的现代主义

---

[1] "The New York Intellectuals and Partisan Review," in *Twentieth-Century Literary Criticism*, *Vol.30*, Paula Kepos & Dennis Poupard eds., Detroit, London: Gale Research Inc., 1989, p.117.

第二章　多元共生的文化批评

与激进主义至少有以下四个方面的差异：现代主义大潮形成于20世纪20年代经济蓬勃发展的时期，而激进主义则是由30年代经济危机激发的；现代主义的倡导者和实践者大多是失去传统依托的文化贵族，受到弗洛伊德和荣格的巨大影响，注重表现失落感、异化感和绝望心理，而激进主义是目标明确的政治理想主义，其鼓吹者和推动者大多比较靠近下层人民，至少在理论上和感情上如此，受到马克思主义的巨大影响；现代主义强调潜意识和自我表现，热衷于文体实验，以作品本身为评判参照对象，而激进主义强调艺术家投身于群众运动，反对个人中心主义，反对为艺术而艺术，以文学是否有利于社会革命为标准；现代主义是对现实主义和自然主义的反叛，追求超越现阶段历史，而激进主义则表现为对现实主义和自然主义的回归，要求适应现阶段历史。① 恰恰是对现代主义与激进主义的和谐关系的追求，体现出了纽约学派关于综合均衡的理想。出于这种理想，纽约学派认为，文学既要保持现代主义作品的精致大胆，又要融合马克思主义固有的社会分析，二者通过对历史发展方向和目标的积极理解紧紧地结

---

① 虞建华等：《美国文学的第二次繁荣——20世纪二三十年代的美国文化思潮和文学表达》，上海外语教育出版社，2003年，第347页。

作为主体的建构
纽约学派文化批评研究（1937—1952）

合为一体。因为无论是现代主义还是激进主义，单独看来虽然都很有价值，但发挥的作用都是不充分的，必须将二者结合起来才能实现发展一种成熟的美国文学的理想。现代主义文学的审美主义传统在这一过程中已经更好地实现了对作品深入把握历史进程的契合，而现代主义运动的审美实践本身也具有文化价值，纽约学派则要使这种文化价值也能够服务于新的美国文学的建设。

20世纪30年代的美国知识界有一个普遍的设想，就是美国的社会变革必须超越政治变革的范畴，要对美国文化进行新的形式上的调整。威尔逊深受马克思和弗洛伊德的影响的文学批评对建构美国文学批评传统，以及对推动欧美一些现代主义作家在欧洲乃至美国确立经典地位的作用非常明显。他沿袭了圣伯夫（Charles Augustin Sainte-Beuve）和阿诺德的文学批评方法，在综合了传统人文主义批评、传统社会—历史批评、马克思主义文学批评和弗洛伊德心理批评的基础上，融入了自己对文学批评的独特见解。以赛亚·伯林认为，威尔逊是20世纪最重要的批评家。韦勒克也谈到，威尔逊是"惟一在欧洲遐迩闻名，同时拥有广泛读者的美国批评家。在美国他是（确切说曾经是）一言九鼎的人物：一代文豪，一位首席社会批评

第二章　多元共生的文化批评

家"。①威尔逊一直对社会问题感兴趣，1926—1931年，他曾经担任《新共和》（New Republic）的副主编。《新共和》作为自由主义知识分子最坚强的堡垒走进30年代，承继了赫伯特·克罗利（Herbert Croly）的影响，强调传统的自由主义观点，即思想和个人应该完全不受束缚。然而，威尔逊却对《新共和》的胆怯和保守日益失望，"不仅不再相信自由主义政治，而且也不再相信美国知识分子会以其独特的方式拒绝表态，拒绝采取行动，拒绝在不依赖于空想的抽象概念和呆板的方程式的条件下直接体验生活"②。在威尔逊看来，30年代旷日持久的大萧条永远粉碎了克罗利式的自由主义。这种自由主义相信资本主义有能力约束自己，相信传统政治和法律促进社会改革的有效性，拒绝国际工人阶级运动。而美国知识分子要变得有所作为，就必须抵制这种自由主义从思想的价值准则的逐步退却，皈依一种新的共同文化，由此为生活带来稳定和意义。于是，威尔逊转向了系统地研究马克思主义，马克思

---

①［美］雷纳·韦勒克：《近代文学批评史》（第六卷），杨自伍译，上海译文出版社，2009年，第182页。
②［美］理查德·H.佩尔斯：《激进的理想与美国之梦——大萧条岁月中的文化和社会思想》，卢允中、严撷芸、吕佩英译，上海外语教育出版社，1992年，第68页。

作为主体的建构
纽约学派文化批评研究（1937—1952）

主义对一个衰亡的制度所提出的道义上的挑战支持了威尔逊自己所信奉的激进主义。但是，威尔逊对文风的关心大于对政治学说或策略的关心，他鼓励作家把马克思主义和美国的实际情况结合起来。

威尔逊在《马克思主义与文学》（1938）一文中指出，纯粹从政治的意义和倾向出发来评判文学不等于就是马克思主义的批评。他对当时美国马克思主义批评的可笑、不当提出了出色的批评。威尔逊主张政治、社会与文学紧密结合，反对宣传鼓动式的文学倾向，指责当时的美国左翼文学艺术水准低下，认为美国文学应该保留美国文化传统和人文精神。他特别提到一些左翼批评家对马克思主义的曲解，指出了苏联无产阶级文学批评对马克思主义文学批评的偏离。左翼批评是以历史与阶级意识作为文学批评的思想依据和动力的；威尔逊则认为左翼批评所强调的必须赋予知识分子政治角色、文学作品和政治行动相比应当突出后者，最初都不是马克思主义固有的组成部分。[1]马克思主义不等于苏联革命，也不是一个教条的

---

[1] Edmund Wilson, "Marxism and Literature," in *The Triple Thinkers: Twelve Essays on Literary Subjects*, New York: Octagon Books, 1977, pp.197–212.

第二章　多元共生的文化批评

体系，而是西方人文主义传统的一部分。[①]威尔逊在《到芬兰车站》(*To the Finland Station*，1940）一书中，以人物为主线，追溯了马克思、恩格斯、列宁及其所承继的18、19世纪以来的人文主义脉络，对马克思主义和苏联革命进行了一次前所未有的回顾。这也是威尔逊调和马克思主义和人文主义的最系统、最有力的一次努力。威尔逊认为，马克思主义思想本身以及那些马克思主义先驱的行动都是西方人文主义传统的延续，建立"第一个真正的人类文化"的理想从根本上就是人文主义的理想。马克思主义是启蒙主义思想的产物，继承了西方人文主义的遗产，把全人类的进步和幸福当成自己的终极目的。[②]威尔逊想通过将这种马克思主义的人文主义与美国的共和理想相契合来唤醒美国精神，推动美国文学和文化的发展，为危机中的美国提供一种可能的未来。卡津盛赞威尔逊的批评丰富而精确，"不追求美学的批评，也不追求社会的批评（而在近代批评中，这种非此即彼，真是最大的致命伤）"。为了能够在文化中揭示对一部文学作品的具体理

---

① Edmund Wilson, *Edmund Wilson: Letters on Literature and Politics 1912–1972*, Elena Wilson ed., New York: Farrar Straus Giroux, 1977, pp.227, 259.

② John Wain ed., *Edmund Wilson: The Man and His Work*, New York: New York University Press, 1978, p.94.

作为主体的建构
纽约学派文化批评研究（1937—1952）

解，威尔逊混合了美学批评和社会批评，使得文化能够给予文学作品以意义——"文化成了一件作品的背景"，"一切社会的，环境的以及智识的历史都被利用了来帮助这个作品的被理解"。[1] 这样，威尔逊赋予文学批评的意义，就是使文学获得历史阐释，使文学批评演变为人生批评。

20 世纪 30 年代美国的马克思主义思潮，也给予了特里林建构社会想象和自我想象的现实土壤。对他来说，马克思主义延续了启蒙运动以来的自由主义传统，即便是托洛茨基也没有完全抛弃这一传统。特里林明确抵制斯大林主义对文学和文化所施加的影响，强调"文学是最充分最准确地考虑了多样性、可能性、复杂性和困难性的人类活动"[2]。在文学品味和社会观点上，特里林确实没有其他纽约批评家那么激进，但仍然在本质上分享了纽约学派作为一个批评家群体的理想，即独立的激进主义和审美的现代主义的融合。他对马克思主义所产生的疑虑，当时最突出地体现为对斯大林主义的拒绝。这也是纽约学派当时的整体立场。在他们看来，斯大林主义首要的并不是一

---

[1] [美]A. 卡静:《现代美国文艺思潮》，冯亦代译，晨光出版公司，1949 年，第 584 页。

[2] Lionel Trilling, *The Liberal Imagination: Essays on Literature and Society*, New York: Charles Scribner's Sons, 1976, p.xv.

第二章 多元共生的文化批评

种社会组织模式或政治类型，而是一种文化征兆，一种迫使人类精神死亡的政治力量。特里林确信，这种精神的堕落和死亡在美国知识分子群体中日益明显。显然，只有从消除斯大林主义的文化影响方面来考虑，特里林文化批评中的很多表现才具有意义，包括他的道德现实主义（moral realism）、对多样性和复杂性的召唤、给予小说这一文学类型的高度评价，以及为现代主义文学所作的特别争辩。[1]

菲利普斯特别重视马克思主义批评的灵活性，反复强调马克思主义不是一个封闭的系统，不是一个公式。他认为，至少对文学而言，马克思主义是一种可以不断地进行试验的方法。菲利普斯试图把纽约学派凡是关注社会背景的文学批评都归属于马克思主义，主张在复数的意义上谈论纽约批评家的马克思主义批评。这种"丰富多样"的马克思主义批评，有助于把批评家的关注中心从文学创作本身转移到文学批评的实践上来。当批评以自己的方式来确认文学从社会生活中赢得的价值，并进入社会生活之流，举起棍棒去抗击使文学僵化的各种学院作风时，批评

---

[1] Mark Krupnick, *Lionel Trilling and the Fate of Cultural Criticism*, Evanston: The Northwestern University Press, 1986, p.61.

作为主体的建构

纽约学派文化批评研究（1937—1952）

就分享了文学一直拥有的各种创造的可能。文学批评家不仅要揭示文学家由其感性和观念共同构成的价值体系，还要履行均衡文学的形式特质和社会事实、均衡文学因素和政治因素的功能。[①]近半个世纪之后，菲利普斯在《从新批评到结构主义》（1980）一文中谈到马克思主义批评时，仍然把它视作新批评的另一极；同时，仍然反对马克思主义批评忽略文学文本的艺术特质并将自身完全等同于历史阐释，反对它将文学作品的文本整体性、独特性和异质性统统简约为文学的社会来源和社会含义。这与卡津在《现代美国文艺思潮》（1942）中的观点非常一致。卡津也十分忧虑美国文学批评界堕入了庸俗社会学批评和形式主义批评两极的简单割裂，希望能够综合二者以利于更有效地阐释文学作品。可以说，纽约学派整体上都抵制"静态的"观念，而本能地追求灵活与开放，相信积极的变化的可能，相信流动的自由思考的可能。

相较而言，拉夫的文学批评更具有政治倾向性。韦勒克在《近代文学批评史》中，把拉夫直接列在了"马克思主义批评"一章来加以评述。韦勒克认为，拉夫之所以

[①] William Phillips, "The Esthetic of the Founding Fathers," *Partisan Review*, Vol.4, No.4 (March 1938): 11–21.

第二章 多元共生的文化批评

值得称赞，是因为他重视以往为人所忽视的文学的社会来源和社会含义，但他最优秀的批评是"从教条主义框架体系中解放出来之后著述立说，即使他依然标榜恪守马克思主义的总体信条"。①拉夫在他发表于1932年的第一篇批评文章《给青年作家的公开信》中就已经明确提出，文学是文化的神经中枢。要让文学重新发挥应有的功能，意识形态的变革就必须紧跟政治的变革，激发作家的创造才能，反映这个沸腾的时代。这就要建构一种理论能够把文学和宣传结合起来，而马克思主义能够担当这种文学理论的基础。②1934年，拉夫参与创办了《党派评论》，这个刊物最初的宗旨就是推动"无产阶级文学"。在《无产阶级文学：一种政治解剖》（1939）一文中，拉夫谈到现代美国文学批评几乎都会在某一时刻介入关于无产阶级文学的论战。然而，他也指出，虽然文学批评家们会就此探讨文学与政治、文学与社会的联系，但他们没有注意到这种联系不是总体性的抽象的联系，而是根本上的与特殊的政

---

① ［美］雷纳·韦勒克：《近代文学批评史》（第六卷），杨自伍译，上海译文出版社，2009年，第181页。
② Philip Rhav, "An Open Letter to Young Writers," *Rebel Poet*, No.16 (September 1932), pp.3-4.

作为主体的建构
纽约学派文化批评研究(1937—1952)

治历史的联系。[①]

在讨论托尔斯泰的文章中,拉夫表现出非常明显的马克思主义倾向,其中的伦理视角也非常突出。他认为,托尔斯泰就是怀着强烈的道德责任感,怀着对人类命运的无比真诚,描写了俄国由封建主义向资本主义转型时期的社会伦理秩序的剧烈变迁,他将道德的自我完善作为人生的理想目标,并视之为救治社会痼疾和救赎人类灵魂的良方。在《伊凡·伊里奇之死与约瑟夫·凯》(1940)一文中,拉夫指出,伊里奇作为现代都市中一个无名的商品拜物者,已经不再拥有宗主制俄国那种简单明了的社会关系,非个人的现代力量已经颠覆了那个备受尊崇的牧歌式的世界。他所遭受的突如其来的灾祸,如同古老制度的幽灵在复仇。伊里奇的死,寓示了"剥夺者的被剥夺"。[②]在《托尔斯泰:绿嫩枝和黑树干》(1946)一文中,拉夫直接提出托尔斯泰作为"最后一个未被异化的艺术家",他的小说主旨就是不容人质疑也不容人改变的生命过程本

[①] Philip Rahv, "Proletarian Literature: A Political Autopsy," in *Literature and the Sixth Sense*, Boston: Houghton Mifflin Company, 1970, p.7.

[②] Philip Rahv, "The Death of Ivan Ilyich and Joseph K.," in *Literature and the Sixth Sense*, Boston: Houghton Mifflin Company, 1970, p.50.

身，他"对文明的抨击本质上就是对造成异化的社会现状的抨击"。①

纽约批评家很少以专著的形式发表自己的见解，他们大都将《党派评论》等相关刊物作为阵地，对现实的文艺问题迅速地做出反应，随后也会以文集的形式留下自己的思想轨迹。卡津的代表作《现代美国文艺思潮》（1942）一书，则与其他纽约批评家常用的报刊文体不同，它是一部严肃的、具有科学研究性质的批评著作，同时可贵地保留了直面现实的理论锋芒。

卡津相信，马克思和恩格斯虽然没有提出现成的文学理论，但他们都深爱文学，有着极高的鉴赏力，而马克思主义也是伟大的现代思想。但是，卡津认为，庸俗马克思主义批评却把马克思主义当作"科学的仪器"教条化了，过度地追求绝对性，无意之中鄙视了过去的一切作家，或者认为他们没有意识到所处时代的阶级力量，或者认为他们没有站在当时"进步的"一面。对于这些批评家而言，"马克思主义早已不是原来的为群众底主义了：早已不是混乱底唯一的均衡力量，早已不是正确地引

---

① Philip Rahv, "Tolstoy: The Green Twig and the Black Trunk," in *Literature and the Sixth Sense*, Boston: Houghton Mifflin Company, 1970, pp.135, 148–149.

作为主体的建构
纽约学派文化批评研究（1937—1952）

导历史底一个世界观，早已不是一个'科学的'行动纲领了"。这样的马克思主义，就成为一种"形式的宗教"，一种"历史中的形式"。在卡津看来，马克思主义不可能系统地解释美国文学，它不是宗教性的法典，而是从事文学研究的工具之一；马克思主义批评的重要性也是影响大于行动，"在马克思主义之下，批评常常成为文化精神之一种"。[1]因此，马克思主义能够指引批评家从文学与社会的关系的角度进行文学批评，能够帮助人们看到文学作品如何在时间的川流中移动。

就马克思主义的社会—历史批评而言，蔡斯也很值得一提。在其代表作《艺术、自然和政治》（1950）一文中，蔡斯在反斯大林主义、世俗主义、道德论调、机智好辩等方面，在坚持促进一种大规模的文化批评事业方面，都采取了纽约批评家的典型姿态。他明确表示，文学批评家将发现他自己无法逃脱政治，因为文学涉及道德行为、情感、习俗、神话等，甚至可以说，文学的主题就是一个社会的建立、瓦解和重组。[2]蔡斯相较于其他人更加强调

---

[1] [美]A.卡静：《现代美国文艺思潮》，冯亦代译，晨光出版公司，1949年，第558、536、541页。

[2] Richard Chase, "Art, Nature, Politics," *Kenyon Review*, Vol.12, No.4 (1950): 591.

文化批评的政治视角，把政治看成这种批评的固有特性，但还是把政治放在社会生活中，作为其间的一个因素，而不是凌驾于其他因素之上。

其他纽约批评家的马克思主义色彩，则较为轻浅。他们同威尔逊、拉夫一样，自认为是马克思主义者，但是，把文学批评家作为公共知识分子的独立自主看得高于一切。通过公共知识分子兼批评家的这种身份意识，他们希望在对美国履行义务的同时，保持独立自主。也可以说，他们认为只有保持了自身的独立自主，才能履行对国家、对民族的义务。卡津曾经明确表示，纽约学派只是接受了马克思主义的影响，而非纯粹意义上的马克思主义批评家。

从总体上看，在纽约学派的文化批评视野中，马克思主义更为重要的价值不是政治上的，而是知性上的，即它首要的并不是政治运动的专用指南，而是文学能够在其中获得长足发展的思考路径。批评家的任务就是运用马克思主义对高度发达的、现代主义和激进主义相融合的文学进行必要的分析。菲利普斯和拉夫都觉得，马克思主义更多地体现为一种分析方法，而不是政治压力和策略。他们自认为是马克思主义意义上的真正的激进主义者（truly radical in the Marxist sense），他们所说的政治可以概括

作为主体的建构

纽约学派文化批评研究（1937—1952）

为一种独立的、批判的马克思主义——独立于所有的政治组织和政治运动，批判地重新检验社会主义运动的整个进程，以便理解其目前所处的困境。[①]迈克尔·伍德认为，威尔逊是被他在马克思主义中发现的道德勇气和良知所深深打动，并未真正接受任何马克思主义的理论武器；特里林的忠于马克思主义体现为一种与人们认为很接近真理的谬误持续不断地进行辩论、较量的执著；拉夫实际上继承了马克思的自由开明的文学鉴赏准则，强调精明练达的判断力和一种对于作品上下文关系的敏感意识。[②]

特里·库内指出，马克思主义之所以会对纽约学派产生吸引，至少是基于这个学派具有的以下三个根本信念：一是马克思主义能够提供一个统一的哲学，来结束美国文化长期存在的分歧；二是马克思主义能够体现和继续发扬世界主义的价值观；三是马克思主义支持在对持

[①] William Phillips & Philip Rahv, "In Retrospect: Ten Years of Partisan Review," in *The Partisan Reader: Ten Years of "Partisan Review", 1934–1944: An Anthology*, William Phillips & Philip Rahv eds., New York: The Dial Press, 1946, pp.680, 683.

[②] 转引自［美］埃默里·埃利奥特主编《哥伦比亚美国文学史》，朱通伯等译，四川辞书出版社，1994年，第854页。

第二章　多元共生的文化批评

续变革的赞赏中尊重过去。① 纽约学派的马克思主义，只认定历史价值取向而不追求政治目标，赋予"人的尺度"（human dimension）以鲜明的知识分子色彩。在《党派评论》创刊之初，菲利普斯和拉夫就明确强调要把马克思主义作为一种"分析方法"来关注文学，反对把文学当作政治宣传的工具。纽约学派以《党派评论》为中心的身份认同，一开始就不是为了排除异己，而是为了更为宽广的人文关怀。他们吸收、保留和超越了马克思主义作为一种方法的独特价值，这不仅贯串了他们在20世纪30年代的讨论，而且延伸到了40年代。纽约批评家二战前后不再以重建马克思主义为中心，但也没有与此完全隔绝。他们对曾经的一切抱有质疑的态度，其中自然也包含了对马克思主义的质疑。这种质疑本质上出于纽约学派反对静止、反对把马克思主义视作一个恒定不变的真理的一贯立场，也是随着他们对马克思主义运用的不断深入，以及美国社会局势的不断变化自然出现的。尽管收效甚微，纽约学派仍然抱着重建马克思主义的希望，以质疑的方式继续关注马克思主义，既不赞同保持传统形态，也不赞同全盘

---

① Terry A. Cooney, *The Rise of the New York Intellectuals: Partisan Review and Its Circle, 1934–1945*, Madison: The University of Wisconsin Press, 1986, p.62.

抛弃，坚持它是作为一种扎根于社会历史分析的科学方法在文学批评中发挥着强劲的力量。

二、马修·阿诺德式的人文主义批评

广义上的文化研究在欧洲的鼎盛期，西方学术界通常认为其中蕴含了两条脉络，即20世纪60年代法国的结构主义和英国的马克思主义文学理论。前者以罗兰·巴特《神话学》(*Mythologics*, 1957) 为代表，后者以雷蒙·威廉斯《文化与社会 (1780—1950)》(*Culture and Society, 1780-1950*, 1958) 和理查德·霍加特《识字的用途：工人阶级生活面貌》(*The Uses of Literacy*, 1957) 为代表。罗兰·巴特运用符号学研究的技巧和方法描写并分析流行的文化实践活动，解读它们的基本程式和社会文化内涵。威廉斯从马克思主义的立场出发，批判高级文化与大众文化的脱离，特别强调文学作为一种传承文化价值的载体的作用；霍加特通过阐述大众文化对其个人生活的影响，呈现人类各种生活实践之间的密切关系。威廉斯和霍加特都看到了学术界对大众文化的忽视，呼吁解读和复苏大众文化，希望文学能够有助于理解蕴藏在社会文化实践背后的

第二章 多元共生的文化批评

历史意识和思维构成,希望文学批评能够发挥介入现实、改变现实的力量。

罗兰·巴特这一脉,已经扩张成当今学术界来势汹汹的文化研究的主流。这种研究的焦点已经不是文学,而是文化。文化的含义在这里发生了戏剧性的变化,成为一种整体生活方式的代名词。文化研究脱离了原有的知识分子精英立场,走出了象牙塔,走向了社会大众。文化研究还由单数变成了复数,研究对象和研究方法都多样化了,影视广播、流行音乐、广告服饰等通俗文化或消费文化都被加以研究,甚至进入探讨人类一切精神文化现象的境地。这些无所不在的研究对象逐渐跃居于文学经典之上,传统的文学研究缩到了一个角落。这种文化研究一方面涵盖了更多的艺术门类乃至生活领域,打破了文学批评学科的传统边界,文学作品不仅不是文化研究的唯一对象,而且不是文化研究的主要对象;另一方面,即使是阐释文学作品,在方法上也包罗了众多学术领域,语言学、符号学、知识考古学,后现代主义、后殖民主义、性别研究、区域研究等理论话语纷至沓来。"权威"和"中心"意识被消解,高级文化和大众文化的人为屏障被拆除。文学文本成为文化研究材料的一部分,文学自身的边界日益模

作为主体的建构
纽约学派文化批评研究（1937—1952）

糊，文学研究与文化研究的分野也随之变得模糊。文学批评流于大而无当和缺乏深度，不再自信于拥有指引文学经典诞生的力量，由此萌生出一种学科危机感。

如果说罗兰·巴特的文化研究即使是做文学批评也指向了对文化的研究，那么，威廉斯、霍加特的文化研究恰好与之相反，他们对文化的研究只是做文学批评的手段之一。威廉斯、霍加特所代表的伯明翰学派这一脉，相对而言则在一定程度上与纽约学派构成了一种对照中的呼应。这种文化研究还是坚持以文学为出发点，提倡对文学进行文化学视角的研究，保留了鲜明的精英文学意识，通过对经典文学的评判来启蒙和提高整个民族的文化素质。尽管文化的概念在这里也被竭力地拓展包容范围，广义的文化现象也被作为文本进行批评，但还是与文学——尤其是包括经典文学在内的高雅文学——更为紧密地结合在一起。

如果说，威廉斯、霍加特是因为在高级文化之外发现了大众文化的潜力而欢欣鼓舞，那么，阿诺德则是因为发现了大众文化对高级文化的腐蚀而呼吁要捍卫高级文化。阿诺德是英美文学现代传统的奠基人，"在其诗歌和批评散文中引入了对西方社会和文化的核心问题的一

第二章 多元共生的文化批评

种新的、微妙的、比较的态度,帮助形成了现代意识"[1]。他的《文化与无政府状态——政治与社会批评》(*Culture and Anarchy*, 1869)一书的出版,标志着英国文化批评的真正开始。阿诺德开创了文化批评的丰富的传统,把文化定义为"通过阅读,观察,思考等手段,得到当前世界上所能了解的最优秀的知识和思想,使我们能做到尽最大的可能接近事物之坚实的可知的规律,从而使我们的行动有根基,减少了混乱,使我们能达到比现在更全面的完美境界"[2]。阿诺德心目中的文化,就是指以经典文学艺术作品为载体的高级文化。这种文化是涵盖了文学艺术在内的人类一切最优秀的知识和思想的积淀,是承继传统、整合社会、变革时代的根基和力量,是人类全面走向完美的途径和手段——文化不仅"致力于看清事物本相,获得关于普遍秩序的知识",而且还要"努力付诸实践,使之通行天下。"[3] 阿诺德作为美国文化的"精神教父",对纽约

---

[1] Park Honan, *Matthew Arnold: A Life*, Cambridge, Massachusetts: Harvard University Press, 1983, p.vii.
[2] [英]马修·阿诺德:《文化与无政府状态——政治与社会批评》,韩敏中译,生活·读书·新知三联书店,2008年,第132页。
[3] [英]马修·阿诺德:《文化与无政府状态——政治与社会批评》,韩敏中译,生活·读书·新知三联书店,2008年,第10页。

作为主体的建构
纽约学派文化批评研究（1937—1952）

批评家（尤其是威尔逊和特里林）产生了直接而深远的影响。

纽约学派认同阿诺德的观点，坚持文学的价值就在于对人生的批评。在阿诺德看来，力求获得整体视野才是一种知识分子式的拯救（intellectual deliverance）。虽然卡莱尔、罗斯金也同样批评英国中产阶级社会的重利实用，但阿诺德更倾向于适当脱离火热的政治实践，不直接卷入政治争论，进行不以党派利害为转移的客观公允的思考，推动文化境界的提高和国家的理想发展。因此，阿诺德的文学批评作为广义的人生批评，其首要功能就是探究一部文学作品对于一个民族甚或整个世界的文化影响，而伦理道德观处于这一影响的核心。阿诺德指出，"人类生活本身主要就是道德"，"实际上，诗歌就是对人生的评论；诗人的伟大之处在于对人生观——对'如何生存'这一问题的观点——予以有力的、审美的表现"。因此，"反叛道德观的诗歌就是反叛人生的诗歌；漠视道德观的诗歌就是漠视人生的诗歌"。[①] 伊格尔顿认为：

---

① ［英］马修·阿诺德：《〈华兹华斯诗集〉序言》，载［英］拉曼·塞尔登编《文学批评理论——从柏拉图到现在》，刘象愚、陈永国等译，北京大学出版社，2003年，第510—511页。

第二章　多元共生的文化批评

　　（阿诺德）既非学人，亦非以文谋利者，而是穿越于诗歌、批评、期刊杂志和社会评论之间，可以说是一种发自公众领域内部的声音。……阿诺德表现出知识分子的两大古典标志，而与学术知识分子形成对照：他拒绝被绑缚在单一的话语领域内，寻求着使自己超然无执的思想对整个社会生活产生影响的途径。[1]

这一评价也可以准确地形容纽约批评家所处的社会位置，即纽约批评家与阿诺德同样采取了一种对现实进行批评性审视，同时对自我进行深刻内省的文化立场和文化姿态。

艾略特曾经提出，阿诺德强调"文化和行为是首要的东西"，但他的文化说比他的行为论更能经久。[2]威廉斯也注意到，阿诺德尽管把文化看作是"一种正确的理解和正确的行为"，是"一个过程，而不是一个绝对"，却

---

[1] Terry Eagleton, "Sweetness and Light for All: Matthew Arnold and the Search for a Common Moral Ground to Replace Religion," *Times Literary Supplement*, Vol.50, No.5051 (21 January, 2000): 15.

[2]［英］托·斯·艾略特：《阿诺德和佩特》(1930)，载《艾略特文学论文集》，李赋宁译注，百花洲文艺出版社，1994年，第210—211页。

作为主体的建构

纽约学派文化批评研究（1937—1952）

强调了理解而非行为的重要性，这就容易导致后来者最终把阿诺德的文化理念看作是一种"已知的绝对"。[①]其实，阿诺德曾经明确表示，对于伟大的文学作品而言，"被当作一个整体来处理的伟大行为留下的道德印象所产生的效果"，其优越性是难以言表的。[②]纽约学派没有简单地把文化与行为割裂开来，而是辩证地看待阿诺德的文化学说，认为文化不仅是知识和思想的容器，也是启迪和教化的行为。他们所持守的人文主义批评与社会—历史批评本来就有着相互重合的立场，都非常强调个人与其所处的现实环境的关系。威尔逊提出，马克思主义创造了一种关于人的文化，这种文化既不是资产阶级的，也不是无产阶级的。菲利普斯也认为，马克思主义能够在一定程度上支撑知识分子是不可避免地疏离于资本主义社会的观点。马克思主义文化理论特别强调经济基础和上层建筑之间，以及上层建筑的各种因素之间的交互作用的观点，纽约学派显然在这里融入了自己的文化批评视野。于是，纽约学派的

[①]［英］雷蒙德·威廉斯：《文化与社会》，吴松江、张文定译，北京大学出版社，1991年，第173—174页。

[②]［英］马修·阿诺德：《〈诗集〉序》，载［英］拉曼·塞尔登编《文学批评理论——从柏拉图到现在》，刘象愚、陈永国等译，北京大学出版社，2003年，第507页。

第二章 多元共生的文化批评

文学批评不仅指向了社会人生的呈现与解读,而且指向了文化的传承与变革。

这种传承与变革的对象,集中于以现代主义文学为焦点的知识分子精英文化。文化批评承继到纽约学派这里,已经完全排除了文化批判或文化研究那种以大众文化为主要对象的基本出发点。也就是说,纽约学派根本不主张去考察大众文化,对大众文化既非否定,亦非俯瞰或尊崇,而是采取了一贯的疏离姿态。麦克唐纳1943年离开《党派评论》,就是由于他不仅主张知识分子要直接介入政治实践,而且主张知识分子要关注大众文化的影响。这导致了他与菲利普斯和拉夫的真正分歧。菲利普斯和拉夫最终赢得了《党派评论》的领导权,以及纽约学派的核心地位,也就意味着纽约学派确立了文化批评以知识分子精英文化立场为基本出发点的这一脉的传承。

威尔逊推崇19世纪从圣伯夫、丹纳到阿诺德所形成的人文主义批评传统,尤其受到阿诺德的深刻影响。威尔逊处在知识分子的公共性渐趋消亡,并且日益走向学术化的时代。但是,他在批评实践中始终相信文学与生活紧密相连,始终坚持文学批评必须关注社会现实,始终强调文学和文学批评都应该指导人生,始终追求建构

作为主体的建构
纽约学派文化批评研究（1937—1952）

一个新的精神秩序。由于这种阿诺德式的追求，威尔逊写出的就是对社会的记录和对人生的批评。[①]阿诺德所倡导的人文主义批评，就是要把知识人文化，拓宽人生和智慧，有力地传播"美好与光明"，使探究和追寻完美的文化通行天下。这种文化始终反对两件事情，"一是激进好斗，二是醉心于抽象的体系"。[②]新批评就是试图把文学与生活相剥离，坚持"文学性"和"自律性"，讲求文学内部价值，沉迷于语言技巧，以一套放之四海而皆准的形式主义抽象分析来彰显文学自身的独特性。威尔逊认为这种文学批评的分量太轻，坚持文学作品既要有艺术的精巧，又要有思想的深度。他重视文学作品的历史维度和社会批判价值，拒绝窄化自己的批评方法，把文学批评看成分析广泛的人类生活目的与命运的载体。这样，对威尔逊来说，针对不同的时代、作家与作品，文学批评有着不同的批评方法与评价标准，没有一套适用

[①]［美］A.卡静：《现代美国文艺思潮》，冯亦代译，晨光出版公司，1949年，第581—582页。
[②]［英］马修·阿诺德：《文化与无政府状态——政治与社会批评》，韩敏中译，生活·读书·新知三联书店，2008年，第30页。

第二章　多元共生的文化批评

于所有文学作品的所谓批评的科学体系。①

特里林自命为阿诺德的美国传人，以至于金斯伯格1959年在哥伦比亚大学举办的垮掉派诗歌朗诵会就是通过攻击特里林来攻击阿诺德和英国文化的。费德勒承认，特里林是纽约批评家群体中最有影响的一位。虽然特里林从姿态上处在纽约学派的最外围，却仍然具有典型的纽约批评家的特点——犹太人、拒绝离开纽约的纽约人、开掘苦闷和疏离话题的人、搜寻悲剧的自然主义者。然而，特里林最为常见的"恼人"姿态，还是他的谦逊所带来的平和的表达风格。这与19世纪英国绅士阶层的异见者的姿态结合起来，就造就了一个纽约批评家中"迟来的马修·阿诺德"的版本。②特里林的博士学位论文就是《马修·阿诺德》，并且其后的文学批评生涯呈现出阿诺德对他产生的深刻影响。他起初计划写一部关于阿诺德思想的批评史，在实际写作中却越来越受到阿诺德思想的感染，越来越倾向于用阿诺德自己的思想来阐释阿诺德。但是，

---

① 黄念欣：《消逝中的批评工作：作为"文学记者"的埃德蒙·威尔逊（代译序）》，载［美］埃德蒙·威尔逊《阿克瑟尔的城堡：1870年至1930年的想象文学研究》，黄念欣译，江苏教育出版社，2006年，第4页。

② Leslie Fiedler, "'Partisan Review': Phoenix or Dodo?" in *The Collected Essays of Leslie Fiedler, Vol. II*, New York: Stein and Day, 1971, pp.53–54.

作为主体的建构
纽约学派文化批评研究（1937—1952）

特里林也努力建构自己的理论框架，即运用马克思主义辩证法严谨的哲学构想，来研究阿诺德作为知识分子的命运。特里林肯定知识分子应该有自主的意识，应该承担社会责任，但不是表现在直接治国参政上，而是要为社会提供长久的价值准绳。在特里林看来，尽管阿诺德坚持一个人的见解首先取决于他思想形成的历史环境，其次才取决于他具体写作的历史时刻，但是，后者（即现实需要）在阿诺德作出一个判断时发挥了更重要的影响。[1]因此，尽管特里林非常赞赏阿诺德的历史感，而且与阿诺德一样把英国文化视为标杆，但遵循着阿诺德的思想逻辑，他坚持不懈地关注的还是美国文学和文化的独立发展。

阿诺德所倡导的文学批评，将文学和社会生活紧密地联系在一起，看重文学的社会功能，尤其是道德内涵，可以说是一种文学伦理学批评。特里林赞同阿诺德所定义的文学价值，继承并发扬了阿诺德式的文化关注。许多对特里林的评论也将他描述为一位道德主义者（moralist），将他的文学批评称作"人文主义伦理批评"[2]。托马斯·拉

---

[1] Lionel Trilling, *Matthew Arnold, Introduction*, New York: Harcourt Brace Jovanovich, 1977, p.2.

[2] Jeffery Williams, *Theory and the Novel*, Cambridge: Cambridge University Press, p.149.

斯克在《纽约时报》上撰文指出:"在莱昂内尔·特里林手中,批评不仅是对文学作品的一种思考,它更是对作品所包含的思想的思考,以及对这些思想关于孕育它们的社会所作的评价的思考。"[1] 大部分西方学者都赞同,道德因素是特里林文学批评的重要特征。特里林没有把文学批评拘囿于分析作家和作品的狭窄范围,而是将人类的道德生存状况作为首要的研究目标,追寻文学作品对社会人生的反映。这种文学批评强调一种文学的道德功能,认为如果把文学当作与道德观无关的绝缘体来处理,文学批评就会变得虚假和苍白。特里林对美国新批评派的批评,也是源于这一思想立场。科内尔·韦斯特提出,特里林修正了阿诺德的批评,树立了"一种新的自由主义的学术共识"。他具体论述道:

> 哥伦比亚大学的莱昂奈尔·特里林、哈佛大学的奥斯卡·汉德林、耶鲁大学的约翰·布拉姆,他们分别开始对男性特权白人的文化同质性进行缓慢但确凿的拆解:那种同质性不外是趋炎附势的礼貌、

---

[1] "Contemporary Author," in *Gale Research Co., 1986–1989, Vol.10*, p.467.

作为主体的建构
纽约学派文化批评研究（1937—1952）

> 党同伐异的文明和制度化的忠诚构成的相对共识，建立在阿诺德式的文化观念及其经典的基础之上。莱昂奈尔·特里林的天才表现在为了自己的政治和文化目的而占有这种观念，以此破解旧的男性特权白人的共识，同时根据冷战反共时期编排的复杂性、困难性和调解性等价值观树立一种新的自由主义的学术共识。①

必须明确的是，特里林并不是阿诺德的信徒，而是把阿诺德当作自己的精神伴侣，对阿诺德进行了历史的、辩证的重构，其中渗透着特里林自己对理想自我的追问，表达了特里林自己对美国知识分子的文化身份的思考。

纽约学派文化批评中的这种精英姿态，也受到艾略特的影响。虽然艾略特被美国新批评派奉为始祖之一，但他的文学批评理论细究起来比新批评派要更加丰富和辩证。艾略特既是批评家，又是诗人。他对诗歌技巧和题材的彻底革新，开创了20世纪现代主义的诗歌传统。他的

---

① ［美］科内尔·韦斯特：《少数者话语和经典构成中的陷阱》，马海良、赵万鹏译，载罗钢、刘象愚主编《文化研究读本》，中国社会科学出版社，2000年，第200页。

第二章　多元共生的文化批评

文学批评不仅仅局限于文学，也是对人生和社会的批评。艾略特既推崇古典主义形式完美的诗歌理想，即16世纪末至17世纪中叶以玄学派为代表的英国诗歌传统，也主张诗歌必须增强它的客观性，关注普遍的人文主义的、道德的和宗教的价值，关注文学和文学批评与其他学科的关系。他承认自己的诗歌和批评具有不同的品质，因为诗歌涉及的是世界本来的样子，而批评涉及的是世界应该的样子。卡津谈到当时的文学批评时毫不犹豫地断言，艾略特自我解放的历史观念与马克思、弗洛伊德相结合，造就了特里林持久地强调文学的道德力量；艾略特坚持关注书籍所带来的公众历史和个人感性的革命，造就了威尔逊能够以平等的眼光去透视那些立场和风格迥异的文学家。[①]

二战所带来的美国精神的高涨，导致了美国文化的巨大变迁，引发了纽约批评家政治和文化兴趣的变迁以及文学期待的变化，《党派评论》的办刊方向也有所变化，但他们持续关注的还是政治和文化的融合问题。他们越来越倾向于把文学从政治中分离出来，除了文学中的作为人生的一个因素的政治，他们的政治仅限于保护知识分子的

[①] Alfred Kazin, "The Function of Criticism Today," in *Contemporaries*, Boston: Little, Brown and Company, 1962, p.497.

作为主体的建构
纽约学派文化批评研究（1937—1952）

政治良心。文学论争成为他们关注的核心，并且尤为关注知识分子作为一个独特的社会和心理类型的作用。纽约批评家战前反斯大林主义，认为它损毁了革命，但革命的理念还吸引着他们；战后反斯大林主义，则是彻底对革命失去了信心。尽管战前战后反斯大林主义的定位不同，他们却一直坚持知识分子的独立。美国新批评派的知识分子独立，是切断了知识分子与政治的一切关联；纽约学派的追求知识分子独立，则是把政治纳入文化，只切断了知识分子与政治革命的实践关系。

纽约学派非常看重作家和批评家作为知识分子的社会角色和价值定位。纽约学派视野中的激进主义文学的主体，已然明确地从"红色的"无产阶级作家转变为退到"红色象牙塔"里的知识分子作家。但是，与"白色象牙塔"里的形式主义批评不同，纽约学派的文化批评拥有强烈的现实关注，他们还在扮演着传统公共知识分子的角色。在纽约批评家看来，对现代文学的社会考察，就是对知识分子的特有作用和地位变化的考察；谈论现代文学，就是在谈论它所从属的知识分子阶层。拉夫特别期望知识分子在当时创造力缺乏的情况下，让批评履行真正有效的作用。他非常欣赏阿诺德的思想，认为阿诺德所深信的批评力与创造力的关系，与纽约学派所处的批评现状十分吻合。尽管拉夫称得上是马克思主义色彩最为浓重的纽约批评家，他所重视的文学传统其实也是阿诺德式的知识分子传统，但他并没有把激进主义文学当成政治的产物，而是当成那些创作了它们的知识分子最重要的思想表达方式。卡津把阿诺德关于诗歌和文化的论述看作现代批评的典范，认为文学批评应该保持阿诺德所说的"现代精神"，即启蒙运动的批判精神。① 这种文学批评能够让批评家总结他们既生活在其中又要传承下去的时代精神，激发想象力和发现新问题，以宏大的视野和批判的眼光看待一切传统的体制和信仰，从人类的历史和人类全部的奋斗出发，为人类创造一个依然拥有想象力的未来。这显然是文学批评家作为公共知识分子所应该承担的职责。

三、犹太身份的文化表达

不管纽约批评家的政治或文化诉求如何，他们的出现都理所当然地被视作犹太人美国生活的一部分。这方

---

① Alfred Kazin, "The Function of Criticism Today," in *Contemporaries*, Boston: Little, Brown and Company, 1962, p.498.

作为主体的建构
纽约学派文化批评研究（1937—1952）

面特别值得一提的就是卡津的自传三部曲，即《在都市中游荡》(*A Walker in the City*, 1951)、《从30年代出发》(*Starting Out in the Thirties*, 1965)、《纽约犹太人》(*New York Jew*, 1978)。卡津在这三本书中持续并集中地回顾了犹太出身对他的日常生活和职业生涯的影响，这种回顾代表了许多纽约批评家的人生经验。但是，研究者对这种犹太身份的文化表达有着不同看法。

詹姆斯·吉尔伯特在《作家与党派》(1968)一书中几乎完全忽略了纽约知识分子的犹太性问题。格兰特·韦伯斯特的《共和国的文学》(1979)一书则对犹太性采取了折中的观点，认为纽约知识分子只具有部分的或不确定的犹太色彩，但至少他们的批评著作与犹太性无关。[①] 科内尔·韦斯特虽然在讨论纽约知识分子时也没有直接提及犹太性问题，但他明确地以非洲裔美国文化批评家身份所进行的学术讨论表明，对文学经典的修正或重构离不开对美国文明危机的历史读解，而这一评估经典的结果与种族文化身份之间存在着错综复杂的关系。韦斯特在探究经典构成的过程时指出，处于1942—1945年这一"欧洲时代

[①] Grant Webster, *The Republic of Letters: A History of Postwar American Literary Opinion*, Baltimore and London: The Johns Hopkins University Press, 1979, p.210.

第二章　多元共生的文化批评

的终结"末期的纽约知识分子，是从非特权白人的美国知识分子中出现的第一批主要的亚文化圈子之一，"他们是挑战忠于老旧剥蚀的欧洲文化的男性特权白人文化精英的主要力量"。韦斯特尤其提到特里林作为"已经融入学界上层的犹太裔美国人"，参与了破解欧洲文化霸权之神秘性的"第一次有分量的打击"。[1]斯蒂芬·隆斯塔夫的博士学位论文《纽约知识分子》(1978)，聚焦于纽约知识分子作为一个群体的普遍性和特殊性的张力关系，对由此带来的犹太人的身份认同问题作了重点讨论。[2]特里·库内也对纽约知识分子的犹太性问题进行了深入的剖析，但同时明确强调了世界主义价值体系的重要影响。他认为，纽约知识分子的马克思主义，鼓励并体现了一种世界主义的价值体系，即一种世俗的、科学的、理性的、都市的、国际的精神，知性缜密，包罗广泛，对过去的重要性及其积极变化具有坚定的信念。那些身为犹太人的纽约知识分子对于犹太性的态度，是他们所抱有的世界主义价值体系

---

[1]〔美〕科内尔·韦斯特：《少数者话语和经典构成中的陷阱》，马海良、赵万鹏译，载罗钢、刘象愚主编《文化研究读本》，中国社会科学出版社，2000年，第199—200页。

[2] Stephen A. Longstaff, *The New York Intellectuals: A Study of Particularism and Universalism in American High Culture*, Ph.D. Dissertation, Berkeley: University of California, 1978.

作为主体的建构
纽约学派文化批评研究（1937—1952）

的一种体现。①

综合上面这些论述立场来看，犹太性既不是纽约知识分子批评立场的主要的决定性因素，也不是与纽约知识分子毫无关系的存在。纽约学派研究和学习欧洲文学，表现出对欧洲文学传统的特殊关注，以重建能与欧洲文学相匹敌的美国文学，推动美国文学的国际化，这一切最终都是为实现美国文学的美国性服务的。在这一实现美国性的进程中，尽管逃脱犹太聚居区的狭小世界成为主旋律，但从本质看，纽约批评家在20世纪40年代对他们的犹太人经历和感受的探讨，并不意味着强调犹太性，而是记录了犹太移民融入美国社会的进程，这反而等于是在强调美国性。

欧文·豪在《纽约知识分子》（1968）一文中，充分肯定了威尔逊在这一层面上对于纽约学派的垂范作用，明确指出大多数纽约批评家所具有的俗世意义上的犹太身份，同时又特别强调这并不意味着他们身上就一定有犹太性的烙印，特别强调他们对美国经验、美国精神的热切认

---

① Terry A. Cooney, *The Rise of the New York Intellectuals: Partisan Review and Its Circle, 1934–1945*, Madison: The University of Wisconsin Press, 1986, pp.57-60, 6.

第二章　多元共生的文化批评

同，特别强调他们携带着欧洲文化的余绪，特别强调他们担负了知识分子的天职。费德勒1956年撰文回顾自己走过的道路，认为是很能够代表纽约批评家的普遍经历的，即作为生活在美国都市中的犹太人，在大萧条时期迎来了智力上的成熟，文学想象上在发现美国之前发现了欧洲，受到马克思主义思想、共产主义和托洛茨基主义的影响，竭力把关于革命政治和最高文学标准的斗争当作唯一的任务（随着时间的推移则越来越难以坚信这一点），政治上的确定性在二战时分崩离析。[1]库内在剖析世界主义价值体系对纽约知识分子的影响时也指出，拉夫在他的若干文集中所强调的犹太性，似乎更是他后来的反应，而不是对他在20世纪30年代和40年代的早期个人意识的准确记录。[2]另外，特里林、格林伯格，以及与纽约学派关系密切的作家史华慈、罗森菲尔德，都直接探讨过犹太性问题，但都一致寻求去认同更广泛更普遍的、非犹太人所特有的美国文化。

即使是对犹太身份念念不忘的卡津，也在《纽约犹

---

[1] Leslie Fiedler, "'Partisan Review': Phoenix or Dodo?" in *The Collected Essays of Leslie Fiedler, Vol. II*, New York: Stein and Day, 1971, p.41.

[2] Terry A. Cooney, *The Rise of the New York Intellectuals: Partisan Review and Its Circle, 1934–1945*, Madison: The University of Wisconsin Press, 1986, p.229.

作为主体的建构
纽约学派文化批评研究（1937—1952）

太人》（1978）中坦率地讲道：

> 他们是犹太人，但并不犹太化；他们是自由主义者，但又能看清"自由主义的想象"所带来的弊端；他们是弗洛伊德主义者，但又是道德规范的大师；他们是学院派，同时也是思想上的先锋派。他们的目标在于获得没有桎梏的思想自由，把激进思想和现代主义自由地结合起来。特殊的民族文化塑造了他们，他们的信念是做一名"知识分子"，而不仅仅是一个写作的人。[①]

纽约学派本来就忠诚于理性和普遍人性的理想，更何况犹太传统和美国犹太人的生活不足以支撑他们在纽约所拥有的那种复杂生动的文化。犹太性只是丰富了纽约批评家的文化理解，绝不是纽约学派的标志性、决定性的因素。在文学批评层面，犹太性也没有成为纽约学派选择文学作品与评判文学作品优劣的标准。纽约学派的文学批评方法是开放多样的，能够容纳犹太身份作为其中的一种文

[①] Alfred Kazin, *New York Jew*, London: Martin Secker & Warburg Limited, 1978, pp.44–45.

化存在，因此，不必特别强调也无须回避犹太性问题。

格兰特·韦伯斯特曾经提出，卡津对20世纪30年代的回忆是基于一种马克思主义思想和犹太身份的结合，而卡津的犹太身份所造成的与美国文化的疏离感，尤其表现为一种"个人与文化主体对抗"的倾向①，即作为一个犹太知识分子与非犹太的美国文化主流的疏离和对抗。从今天的视角看，与其把纽约批评家的这种疏离看成是一种出自于犹太身份的对抗方式，不如看成是一种出自于知识分子身份的思维方式。从拥有犹太身份这个层面而言，纽约学派是在犹太传统和美国文化的双重作用下，并且在前者处于不断地融入后者的进程中这样的前提下，参与了美国主流文化的建构，也被纳入了美国主流学术界。尽管如此，纽约批评家却在文化表达上尽力持守一种精神漂泊者的疏离姿态。

罗伯特·帕克所提出的犹太人的文化混血（cultural hybrid）②状态，可以更恰当地解释纽约批评家作为知识

---

① Grant Webster, *The Republic of Letters: A History of Postwar American Literary Opinion*, Baltimore and London: The Johns Hopkins University Press, 1979, p.229.

② Robert E. Park, "Human Migration and the Marginal Man," *The American Journal of Sociology*, Vol.33, No.6 (1928): 891–892. Quoted in Allen Guttman, *The Jewish Writer in America: Assimilation and the Crisis of Identity*, New York: Qxford University Press, 1971, p.137.

作为主体的建构
纽约学派文化批评研究（1937—1952）

分子所具有的疏离的文化姿态。站在所有文化的边缘，身在其中又置之度外，本身就是知识分子色彩很浓厚的一种姿态。纽约批评家的犹太身份助长了这一疏离姿态的形成，但不意味着这种姿态是犹太性所决定的。他们兼有欧美双重文化背景，衔接传统与现实，站在每一种文化的边缘去探究、去思索。无论是欧洲文化、苏联文化，还是美国传统文化、犹太文化，都滋养着他们的思想。这与他们所秉承的世界主义价值观也是一致的。正是这种不把自己归属于任何一种文化的立场，使得纽约批评家易于超越僵硬的欧陆观点和褊狭的本土意识，把他们遭遇到的所有思想观念都视作一种工具性的存在，并将之用来创建他们的理想的美国文化和理想的美国文学。

阿诺德所倡导的希腊精神与希伯来精神均衡的文化理念，在纽约学派这里得到了充分的延伸。阿诺德认为，希腊精神与希伯来精神的终极目标都是"人类的完美或曰救赎"，但是，希腊精神"最为重视的理念是如实看清事物之本相"，"主导思想是意识的自发性"；希伯来精神"最重要的则是行为和服从"，"主导则是严正的良知"。[①]

[①] ［英］马修·阿诺德：《文化与无政府状态——政治与社会批评》，韩敏中译，生活·读书·新知三联书店，2008年，第97—100页。

第二章 多元共生的文化批评

阿诺德在文化的统摄性视域中对这两者细加分疏,指出英国当时是希伯来精神和道德冲动大获全胜,清教主义的自信、坚执和专注在实际生活中占据了上风,希腊精神和智性冲动则沦落到陪衬的地位。然而,"两希"精神所涉及的人类天赋是相连相通的,一个人的知与行按其本质是不能彼此分离的。为了达致"两希"精神的均衡,必须凸现希腊精神的优越性,强化认知事物本相的力量,同时不能削弱希伯来精神,以遏制希腊精神的道德孱弱。只有"两希"精神融为一个相生互动的平衡体,才能实现文化的真正目标,即全面的完美。纽约批评家的犹太身份,自然表征了他们思想中希伯来的那一半。他们关于犹太性问题的种种思考,实际上反映了他们不愿意拘囿于希伯来精神的伦理道德倾向,而是大力张扬他们思想中的另一半,即希腊精神的求智求实倾向,最后达成一种辩证综合的整体视野来评判美国文学和文化。

纽约批评家虽然并不承认自己身上有犹太性的烙印,却又无法真正忘怀自己的犹太身份。他们没有清醒地意识到清教主义与希伯来精神的不同,把批评清教主义混同于否定希伯来精神的影响。阿诺德曾经明确指出:

作为主体的建构

纽约学派文化批评研究（1937—1952）

> 我们竭力要说明的是，清教的胜利将是我们的日常自我的胜利，而不是基督教的胜利；无论是人的一般性完美，还是希伯来精神本身，都不可能真正从它将要确立的那种类型的希伯来精神中得益。①

也就是说，清教主义只不过是希伯来精神的一种类型，不可以代表它的全部价值。如果说清教式的希伯来精神有其褊狭的一面，那么，真正意义上的希伯来精神要求人顺从公义、实施德行，则与希腊精神要求的人如实看清事物本相是密不可分的。纽约批评家强调自己并不归附于犹太性，往往是表明他们要与清教传统划清界限，但他们没有脱离整个犹太—基督教传统的影响。他们虽然力图摆脱清教主义过于严苛、过于极端的道德倾向，却依然非常看重文学批评的伦理价值，关注文学的道德维度。

---

① Matthew Arnold, "St. Paul and Protestantism," in *The Complete Prose Works of Matthew Arnold, Vol. 6*, R. H. Super ed., Ann Arbor: The University of Michigan Press, 1968, p.31.

四、弗洛伊德主义的补充

弗洛伊德主义是美国20世纪20年代一个主要的思想潮流，在现代文学批评中也留下了不可磨灭的烙印。美国学术界此时已经意识到运用心理分析可以更好地解释一战后的社会现实和文学现实，即使持不同意见者也必须面对这些解释并不得不作出回应。二战后，对于文学和政治的理解，理性的力量日益衰微，心理学更加受到关注，同时也为剖析知识分子的疏离提供了新的思想元素。弗洛伊德主义开阔了纽约批评家的理论视野，为他们解释整个美国文化（包括美国文学）提供了一条有价值的思路，使他们能够同时关注文学的社会背景和潜意识背景，以理解并驱散似乎主宰着美国文学的清教主义平庸气息。从弗洛伊德主义的眼光看，美国文化发展的首要障碍可以归因于社会的压抑作用；困扰着美国社会中文化（包括文学）的种种失败，也可以被解释为潜存于美国文化局部的社会性的心理失调。纽约批评家在20世纪50年代普遍涉足心理分析，其中，特里林从文学与文化的关系视角对弗洛伊德主义的探讨，成就突出，影响也很大，他甚至因此被誉为

作为主体的建构

纽约学派文化批评研究（1937—1952）

美国最杰出的心理学批评家。[1]

弗洛伊德自己也对文学作品进行过分析，他那些聚焦于跨文化主体（例如俄狄浦斯）的解读尤为突出，但目的都在于确认并丰富和发展精神分析学的理论观点。其中，他对艺术家作为人的关注，即作者的无意识结构及其无意识生活在作品中留下痕迹和回声的观点，广泛而持久地影响了批评家们对文学作品的心理分析。如果说弗洛伊德是让文学文本服务于精神分析学，那么文学批评家们则是将精神分析学运用于文学批评领域，以此来拓展和加深对文学的阐释。特里林从20世纪40年代初期就表现出他的心理分析转向。[2] 在《弗洛伊德与文学》（1940）一文中，他开篇就论证弗洛伊德主义对文学影响巨大，而且已

---

[1] 1955年，特里林成为第一位在纽约精神分析协会发表弗洛伊德周年纪念演讲的非专业人士。同年，这篇演讲稿以《弗洛伊德与我们的文化危机》为题得到发表，后被收入《超越文化》（*Beyond Culture*，1965）一书，题为"弗洛伊德：从属文化与超越文化"。《超越文化》一书收录了特里林8篇论述文学与文化之间关系的文章，表明他在考虑文学的社会功能方面，以及吸收和运用弗洛伊德的文化观点方面已经达到了相当成熟的地步。

[2] 特里林最早于1939年在《马修·阿诺德》一书中简短地提到了弗洛伊德。进入20世纪40年代，先后发表了关于弗洛伊德的3篇重要文章。其中，《弗洛伊德与文学》（*Freud and Literature*，1940）概要介绍了如何将心理分析方法运用于文学研究，《不朽性之颂歌》（*The Immorality Ode*，1941）以弗洛伊德的观点作为框架分析了华兹华斯，《艺术与神经官能症》（*A Note on Art and Neurosis*，1945）批评了把艺术创造力视为心理疾患的补偿的流行观点。

经成为文化的一个组成部分。他提出,弗洛伊德实际上信奉的是实证主义的理性主义,而且了解心理分析方法在文学批评中的界线和限度。虽然弗洛伊德心理分析不能够解释艺术才能的性质和艺术家的艺术技巧,但是,能够解释其他两个方面,即"一解释艺术品的内在意义,二解释艺术家作为人的气质"①。

特里林对弗洛伊德的核心思想也有所质疑。他不赞同弗洛伊德把艺术含蓄地诋毁为精神病患者的幻梦,而是坚决主张艺术家拥有创造能力。特里林的《艺术与神经官能症》(1945)一文就直接挑战了威尔逊的观点,提出每个人都会产生神经官能症,艺术家在这方面并没有特别的类型,但艺术家与神经官能症的关系却是独特的——只有艺术家才会既具有产生神经官能症的现实可能,又具有调控和表现神经官能症的艺术才能;艺术家的健康心智,才是他能够对神经官能症进行艺术表现的力量之源。特里林在文中指出:

---

① [美]莱昂内尔·特里林:《弗洛伊德与文学》,刘半九译,《美国文学丛刊》1981年第1期。

作为主体的建构

纽约学派文化批评研究（1937—1952）

现在的文学观念把神经官能症等同于"创伤"（wound），很容易令人产生误解。这不可避免地暗示了消极的态度。反之，如果我们追随弗洛伊德，我们必然把神经官能症理解为"行为"（activity），一种有目的的行为，一种特别类型的行为，即"冲突"（conflict）。[1]

可以说，尽管弗洛伊德关于艺术的概念不够完善，但是他所描绘的艺术思维的本真状态，足以让心理分析成为对待文学作品所可以采用的一种方式，因为文学批评可以对任何一部文学作品采用任何工具，来找出作品关于文学自身和文学所深入的人生的种种意义。

特里林在总体上还是捍卫弗洛伊德原初的思想，他反对美国学术界对此的淡化，并且强调弗洛伊德心理分析的道德作用甚于临床诊断的作用——弗洛伊德思想最重要的方面就是其道德维度，应该坚持用道德范畴来谈论心理分析的一切问题。在特里林看来，"无论是文学还是人生，心理方面都应该包容在道德的范围里——竭力以一个

---

[1] Lionel Trilling, "Art and Neurosis," in *The Liberal Imagination: Essays on Literature and Society*, New York: Charles Scribner's Sons, 1976, p.177.

第二章 多元共生的文化批评

较小的概念去完成一个较大的概念所应该完成的工作,只会遮蔽真实情况"[1]。特里林对弗洛伊德思想的这种阐释,隐含了特里林自己对抛弃20世纪30年代激进主义梦想的幼稚而走向成熟的渴望。随后,费德勒在他出版的第一本书《纯真的终结》(*An End of Innocence*,1955)中明确了这种暗示。特里林对弗洛伊德思想的运用也有历时性的变化,20世纪40年代他强调道德的成熟,把弗洛伊德看成一位拥有悲剧现实主义情怀的伟大的道德家;50年代这一思想在纽约批评家中被普遍接受之后,他除了继续关注悲剧主题,又转而关注现代自我的激进的不稳定,寻求能够抵制二战后道德失序的自我品质。

特里林在自己的批评思想中不断融入了弗洛伊德的观点,非常关注现代社会中个体与文化之间的辩证关系,即个体是如何超越文化,并最终以新的姿态回归文化的。特里林在《对立的自我》(*The Opposing Self: Nine Essays in Criticism*,1955)一书中就集中分析了这方面的问题。他在同年出版的另一本书《弗洛伊德与我们文化的危机》中也强调指出:

---

[1] Lionel Trilling, "A Rejoinder to Mr. Barrett," *Partisan Review*, Vol.16, No.6 (June 1949): 657.

作为主体的建构

纽约学派文化批评研究（1937—1952）

> 现代意义上的文化是一个相对较新的概念。它代表了一种有关我们的社会生活的思维方式，它的发展伴随着某些构想个体的新方法。确切地说，我们有关文化的现代概念可以被认为是整个社会所赋予的一种新的个体属性。[1]

尽管马克思、弗洛伊德都提出了关于人的新概念，特里林还是坚持认为弗洛伊德所设想的人远比其他任何现代体系所能设想到的人都更具有尊严和趣味。不管大众怎样误解，弗洛伊德所设想到的人绝不能被理解为任何单纯的程式（例如性欲），而是文化和生物学的错综复杂的结合体。[2]

文化身份（cultural identity）的建构，是特里林极有创见的理论贡献。文化作为一个自给自足的体系，通常不会接受纯粹的外部批评的介入，然而，一种文化内部的反思却常常成为文化自我更新的强大推动力。面对欧洲文化传统的熏染，以及美国文化传统的重寻，纽约学派必须找

---

[1] Lionel Trilling, *Freud and the Crisis of Our Culture*, Boston: The Beacon Press, 1955, p.34.

[2] ［美］莱昂内尔·特里林:《弗洛伊德与文学》，刘半九译,《美国文学丛刊》1981 年第 1 期。

第二章 多元共生的文化批评

到具有自身独立个性的文化和文学发展定位。特里林对于个体与文化的关系所持有的辩证态度,为此提供了一种可能的路径。他提出,个体是在特定文化中形成的,必然受到该文化的制约;同时,个体与他所从中产生的文化又是相对立的,他与文化展开抗争,并且有可能超越特定文化的控制。无论是马克思主义、马修·阿诺德思想的影响,还是犹太身份、心理分析的探讨,它们本身都是一种工具性的存在,都是特里林追寻文化身份如何建构的思维路径,而不是他理论思考所要达到的目标。尽管阿诺德和弗洛伊德也具体提出了关于自我界定的有益模式,但特里林独出机杼地以"失重"(weightlessness)来形容知识分子的文化处境。[1] 纽约批评家正是由于处在这种失重的状态下,才会摇摆在各种文化传统和文学传统的边缘,才会产生不归属于任何一种文化的身份疏离感,才会追求具有综合平衡的特质的成熟的美国文学和文化。

美国新批评派对弗洛伊德主义是持一种批评的态度的。他们认为,如果文学和梦或精神病一样都只不过是潜意识的流露,那就会无法确立文学评价标准,作品本身也

---

[1] Mark Krupnick, *Lionel Trilling and the Fate of Cultural Criticism*, Evanston: The Northwestern University Press, 1986, p.9.

作为主体的建构
纽约学派文化批评研究（1937—1952）

就无所谓好坏优劣之分。更何况，弗洛伊德主义对于文学作品的阐释是无力的，只能用于作家心理分析，而这恰恰是新批评所排斥的研究对象。瑞恰慈一直明确地致力于把心理学引入文学理论，燕卜逊等人也曾经试图在他们的文学批评中结合马克思主义和弗洛伊德主义的方法。燕卜逊《牧歌的几种变体》（*Some Versions of Pastoral*, 1935）一书甚至已经脱离了新批评的文本中心主义，转向了马克思主义、原型批评和形式论的混合。但是，美国新批评派却扬弃了这些维度，不仅没有理会马克思主义批评的社会—历史分析方法，其中，兰色姆作为新批评派在美国承上启下的人物，还"从艾略特和瑞恰慈的理论洗去了心理学因素，从而把新批评建立在明确的文本中心论（textual criticism）基础上"[1]。

纽约学派却不仅把弗洛伊德主义运用到对文学作品的分析上，还运用到对作者、读者，乃至文学批评家自身的分析上。拉夫1939年关于卡夫卡的两篇文章，就明显表现出他的文学批评变得更加倚重心理学。[2] 他认为，卡

---

[1] 赵毅衡：《重访新批评·引言》，百花文艺出版社，2009年，第13页。
[2] Philip Rhav, "The Death of Ivan Ilyich and Joseph K.," *Southern Review*, Vol.5, No.2 (Summer 1939): 174–185. And "Franz Kafka: The Hero as Lonely Man," *Kenyon Review*, Vol.1, No.1 (Winter 1939): 60–74.

第二章　多元共生的文化批评

夫卡的英雄都是以那些不合时宜的人作为原型，这些人所信奉的西方个人主义、理性主义和资产阶级生活的价值体系都走进了死胡同。特里林则明确地表示不赞同弗洛伊德的观点，提出"一部作品的意义也不可能单纯在于作者的意向"，"观众（读者）也在一定程度上决定着作品的意义"。[1]卡津指出，自由主义批评家在接受弗洛伊德主义时表现出简单化、绝对化的倾向，或者漫不经心地进行心理分析，或者将迷惘与痛苦归咎于潜意识的捉摸不定，或者有时流于诡辩。这样的批评"既与艺术无关，也与心理学无关，它唯一的好处就是让分析者显得很有创造性"。[2]

纽约批评家的疏离状态既连接了纽约学派的马克思主义开端和后来的心理分析倾向，也隐含着犹太身份和知识分子身份的必然选择。他们从作家的疏离状态中，为批评家的疏离赢得了一种强烈的共鸣。菲利普斯和拉夫都很关注作家作为知识分子这样一个疏离的阶层的文学创作，他们运用了马克思主义的阶级分析，同时融合了主要来自弗洛伊德的心理分析进行批评。他们相信，20世纪

---

[1]〔美〕莱昂内尔·特里林:《弗洛伊德与文学》，刘半九译，《美国文学丛刊》1981年第1期。

[2] Alfred Kazin, "Psychoanalysis and Literary Culture Today," in *Contemporaries*, Boston: Little, Brown, 1962, p.372.

作为主体的建构
纽约学派文化批评研究（1937—1952）

伟大的文学作品并不是属于资产阶级，而是属于知识分子阶层——一个疏离的阶层，一个激进的阶层，一个有着自己的忠诚、焦虑和精神财产的阶层。拉夫认为："弗洛伊德的方法大体上是历史方法的一种特殊改写。"[1] 他融合马克思主义和社会的、心理的分析，站在知识分子的疏离立场，构建了他的批评理论。这一理论把文学家放在文化的中心，使之成为写作的主体。拉夫运用这种新的理论架构阐释 20 世纪现代主义作家作品，把知识分子看成是一种疏离的社会存在，看成是一种反对资本主义社会及其喜爱的文学形态的革命力量。菲利普斯也对知识分子传统展开了理论探讨，强调疏离作为现代主义文学的一个主要问题，尤其是知识分子作为一个疏离阶层的现象，还没有得到透彻的解释。他指出，马克思主义关注的是文学作品和历史背景之间的关系，对作为知识分子的作家和作品之间的关系解释不多。然而，文学的连续性不是存在于文学作品和历史背景之间，而是存在于作家和作品之间。现代主义文学的主角应该是作家本人。[2] 于是，弗洛伊德的心理

---

[1] Philip Rahv, "The Myth and the Powerhouse," in *Literature and the Sixth Sense*, Boston: Houghton Mifflin Company, 1970, p.214.

[2] William Phillips, "The Intellectual's Tradition," *Partisan Review*, Vol.8, No.6 (November–December 1941): 481–482.

第二章　多元共生的文化批评

分析就在这里发挥了作用。

欧文·豪认为，美国知识分子的疏离至少有三个主要来源，即早期面对欧洲传统的自卑感、脱离官方社会的激进主义抉择、对现代欧洲作家审美困境的继承。伴随着美国的发展，后两者的影响日益凸显，第一种情况则由于美国民族意识的觉醒而逐渐变得不合时宜。他特别注明"疏离"这个词至少有两种不同的用法：

> 当工人由于他的生产地位而疏离于他自身的才能，这是一种社会的不幸；当知识分子由于精神上的独立而疏离于资本主义社会及其价值观，这就是另一回事了。①

在费德勒看来，纽约批评家的疏离，一方面是生活于大都市的犹太人，即纽约批评家所从中产生的社会群体，在并非以马克思主义为主导倾向的美国，由于接受了马克思主义的影响所具有的一种"怪癖"甚至病态，一种特殊的孤独感；另一方面也是纽约批评家对于美国经典作

---

① Irving Howe, "Our Country and Our Culture," *Partisan Review*, Vol.19, No.5 (September–October 1952): 575.

作为主体的建构
纽约学派文化批评研究（1937—1952）

家采取了传统的欧洲眼光，尤其在大众文化遍布西方世界之后，更为频繁地将"疏离"用于描述艺术家的困境。费德勒特别强调，纽约批评家对疏离状态的赞美胜于探讨，但也确实比其他人更多地描述了这种状况，即少数派的高级文化在大众社会中受到多数派原则的限制。[①]

弗洛伊德心理分析批评，与20世纪30年代的马克思主义社会—历史批评一样，仅仅是纽约学派采取的众多文学批评方法中的一种。也就是说，在纽约批评家这里，马克思主义和弗洛伊德主义在文学批评的层面上都只是体现为一种文学批评方法，而不是一种精神信仰。诚如杰姆逊所言："马克思与弗洛依德两者的独到之处在于，它们都致力于马克思主义传统中所谓的'理论与实践的结合'。"[②]马克思主义和弗洛伊德主义作为社会科学，各自创造了理解社会现实并使之符合伦理道德准则的有效手段，二者之间不存在对抗性，而是具有亲和关系，可以将二者融会在一起来争取人类思想的自由。纽约学派正是立足于此做出了自己的努力。

[①] Leslie Fiedler, "'Partisan Review': Phoenix or Dodo?" in *The Collected Essays of Leslie Fiedler, Vol. II*, New York: Stein and Day, 1971, pp.50–51.
[②] ［美］詹明信:《晚期资本主义的文化逻辑》，陈清侨等译，生活·读书·新知三联书店、牛津大学出版社，1997年，第18页。

第三章　文学是对人生的批评

在20世纪20年代"迷惘的一代"的文化反叛进程中，美国知识分子努力摆脱中产阶级清教主义漠视个人想象力、抑制个人自由发展的文化桎梏，开始走向美国文化的独立，但尚处在一种不定型的文化形态之中。这种流动中的变迁，还没有为美国的文学表达提供一个可以依附的明确的文化走向。进入30年代，经济大萧条引发的全面精神危机，反而使得美国知识分子寻求文化定位的努力日益彰显。缺失了十年的社会意识又回到文学之中，并且成为文学的主要关注内容，尤其是带有政治理性主义色彩的激进主义文学此时开始发挥主导作用，作家们也由反叛传统走向了拯救社会。这十年的文学作品和文学批评，往往充满了对文学的社会功能的肯定。

对于纽约学派来说，文学之所以重要，正是因为它能够影响人类的活动。然而，美国新批评派仍然坚持，文

作为主体的建构

纽约学派文化批评研究(1937—1952)

学文本自身就是批评的目的,不能掺杂任何社会影响。从根本上看,这是"为人生而艺术"与"为艺术而艺术"之间的对峙。其中,纽约学派的"为人生"关注的是知识分子文学,而不是政治文学;关注的是艺术家作为艺术家,而不是艺术家作为预言家。

一、文学是什么

伊万·卡顿和吉拉尔德·格拉夫在《剑桥美国文学史》中曾经对新批评之所谓"新"的历史脉络做了简洁而精当的梳理。新批评最初是指一战之后存在着各种差异的新的学术批评中的一个流派,"其共同点并不在于只强调美学的倾向,而在于系统和严谨的特征"[①]。斯宾格恩(Joel Elias Spingarn)1910年在哥伦比亚大学发表了一次题为"新批评"的演说,几乎把当时所有批评流派一概予以推翻,站在废墟上号召以克罗齐(Benedetto Croce)

[①] [美]萨克文·伯科维奇主编:《剑桥美国文学史(第八卷)·诗歌和文学批评:1940年—1995年》,杨仁敬、詹树魁、蔡春露、甘文平主译,中央编译出版社,2008年,第282页。

的美学为基础重建美国的文学批评。[①]这是要求文学批评变革的第一个呼声,但"新批评"这一术语并没有马上流行起来。

到了20世纪40年代末期,两种截然不同的专业批评争夺着这个命名:一种是以在文学批评领域里彻底排除非文学因素而称新,另一种则是以在文学批评领域里系统引入非文学因素而称新。前者即兰色姆在《新批评》(1941)一书的最后所呼吁的"本体论批评家"立场。这种"本体论"模式,其实是一种"内在的"模式。新批评派虽然因为此书而得名,但是,兰色姆在这里其实是对新批评进行评论,而不是正面的辩护。在他看来,新批评至少受到两种广泛传播的错误理论的损害:一种是使用描写心理感受的词汇,试图根据诗歌的情绪、感觉和态度,而不是根据它们的对象来评判文学;另一种是纯粹的道德批评,这表明新批评尚未从旧批评的理论中解放出来。[②]兰色姆希望批评家摆脱这些累赘的负担,把新批评与对诗歌

[①] Joel E. Spingarn, "The New Criticism," in *Criticism in America: Its Function and Status*, Irving Babbitt etc., New York: Harcourt, Brace and Company, 1924, pp.9–45.

[②] [美] 约翰·克罗·兰色姆:《新批评·前言》,王腊宝、张哲译,江苏教育出版社,2006年,第4页。

作为主体的建构

纽约学派文化批评研究（1937—1952）

结构特征的本体分析联系起来。虽然新批评"在深度和准确度上"已经超越语言史上所有的早期批评，但还需要寻求一种更为纯文学的批评，寻求那个时代所需要的那种本体论批评家。后者即斯坦利·海曼（Stanley Edgar Hyman）在《武装的观点——现代文学批评方法研究》（*The Armed Vision: A Study in the Method of Modern Literary Criticism*, 1948）一文中所概括的跨学科批评立场。他把"新批评"定义为通过"非文学技巧与知识体系"，诸如历史、传记、神话学、心理学、人类学、修辞学的系统使用，来扩大批评的研究范围，并获得对文学的见解的方法。这其实是一种"外在的"模式。

克林斯·布鲁克斯1962年总结性地宣称，新批评的定义是"集中全力研究诗歌而不是诗人或读者"，于是，该术语最终归属于在各派竞争中获胜的兰色姆、布鲁克斯这一方。[①] 布鲁克斯认为，新批评派力图研究"诗歌本体的结构"和运用"诗歌是艺术的文献"，而不是用其他与文学无关的历史、传记、政治或哲学的表现形式来"界定诗歌的范畴"。这就把文学的历史资料和文学的道德与文

---

① 克林斯·布鲁克斯的获胜，意味着新批评已经凝定为一种文学批评方法。也就是说，新批评不"新"了。

第三章 文学是对人生的批评

化功效区别了出来。也就是说，在兰色姆、布鲁克斯这获胜的一方看来，文学文本自身高于资料和影响，"内在的"分析才是文学批评，没有什么其他的批评可以称得上是文学的。纽约学派所反对的新批评，正是这个意义上的新批评。

将文学的各种维度均衡地融合在一起，也许优秀的文学作品可以做到，但是，文学批评通常需要寻找一个切入点来阐释作为整体的作品。这个切入点的选择往往表明了批评家的立场，也往往成为批评家心目中"文学是什么"的主导力量。如果仅仅把关注文学与形式的关系作为美国新批评派的唯一标签，未免过于简单，这并非因为他们其中也会有人关注文学除了形式以外的其他维度，而是因为他们的理论从整体上就不是只关注形式。也就是说，美国新批评派在关注文学与形式关系的同时，并没有完全斩断文学与社会文化历史的关联。然而，尽管美国新批评派并非彻底信奉一种"美学纯洁主义"[1]，他们却都在文学

---

[1] [法] 让-保罗·萨特：《什么是文学？》，施康强译，载李瑜青、凡人主编《萨特文学论文集》，施康强等译，安徽文艺出版社，1998年，第85页。本文的法文版最初是由《现代》（Les temps modernes）杂志从1947年2月开始连载，后来出版了单行本，并收入《处境种种》第2集。其英文版则1948年分四部分连载于《党派评论》第1、3、5、6期，译者为伯纳德·弗莱查特曼（Bernard Frechtwan）。

作为主体的建构
纽约学派文化批评研究（1937—1952）

批评的实践中把形式置于"文学性"（literariness）[1]系统的主导地位。

布鲁克斯曾经明确表示，对新批评的反历史倾向的谴责是不公平的。"为了处理作品的审美性质，就必须考虑其社会、政治、历史的方面"，坚持审美自治性是为了拒绝用科学的准确性或道德真理来判断文学作品，而不是要使其脱离社会生活或历史，或者脱离语言本身。[2]然而，尽管布鲁克斯在理论上也有其他关怀，并不排斥文学的社会、历史、心理以及传记研究，但他在实践上还是专注于文学的文本分析，其文学批评的重点还是在于形式。他与沃伦合著的《诗歌鉴赏》（*Understanding Poetry*, 1938）和《小说鉴赏》（*Understanding Fiction*, 1943），虽然并没有因为强调文学的特殊性而使其脱离社会时代背景，并没有忘记文学创作过程中作家的个人成长和文化语境的

---

[1] 俄国形式主义文论家罗曼·雅各布森（Roman Jakobson）1919年在《现代俄罗斯诗歌》一文中首次提出了"文学性"的概念。这之后，"文学性"就日益成为西方文学理论中一个无法逾越的艰难话题。雅各布森指出："文学科学的对象不是文学，而是'文学性'，也就是说使一部作品成为文学作品的东西。"参见 Roman Jakobson, "Новейшая Русская Поэзия," in *Selected Writings V: On Verse, Its Masters and Explorers*, Hague: Mouton, 1979, p.305。

[2] R. S. Singh ed., *Cleanth Brooks: His Critical Formulation*, New Delhi: Harman Publishing House, 1991, pp.268–275.

参与，以及文学作品阅读过程中读者的接受情况，但其主旨还是研究诗歌和小说的构成性形式。韦勒克和沃伦在《文学理论》(1949)一书中也曾专章谈到"文学和传记""文学和社会"，肯定这类研究有一定的意义，但他们最后的结论却是："任何传记上的材料都不可能改变和影响文学批评中对作品的评价"，"文学与具体的经济、政治和社会状况之间的联系是远为间接的"，"文学作品最直接的背景就是它语言上和文学上的传统"。[1]这显然否定了作家生平研究和社会文化语境分析所具有的独特的文学批评价值。

布鲁克斯《精致的瓮》(*The Well Wrought Urn*, 1947)一书，可以说是新批评作为一种文学批评方法在实践层面上取得的杰出成果。布鲁克斯将新批评的"文本细读"推向了极致，把"作为诗的诗"当成一个客体进行纯粹的形式分析，不受传记、历史、社会、宗教或道德的干扰。这种文本细读并不拒绝分析作者的创作意图，但其目的却在于分析作者以象征、暗示、隐喻等迂回的悖论/反讽方式把自己的意图贯彻到整个作品中的过程。同时，布鲁

---

[1]［美］勒内·韦勒克、奥斯汀·沃伦：《文学理论》，刘象愚、邢培明、陈圣生、李哲明译，江苏教育出版社，2005年，第81、115页。

作为主体的建构
纽约学派文化批评研究（1937—1952）

克斯在理论上也明确提出，诗人是一个"制作诗歌的人"（poietes），而不是一个解释者或传播者，因此，"构成诗歌精髓的真正核心不是释义"，批评的首要问题是形式、修辞结构的问题。① 布鲁克斯在稍早的《新批评与传统文学研究》（*New Criticism and Scholarship*, 1946）一文中，甚至通过仔细分析柯贝特（Richard Corbet）诗歌中的反讽，来了解诗人的生平和创作的历史背景。

尽管上述理论表述之间，以及理论表述与批评实践之间存在矛盾，但其最终的归宿还是形式——形式成为美国新批评派阐释文学的切入点和主导力量，即形式在他们的"文学性"系统中被赋予了特权。他们通过强调文学的形式自足性创造出一种美学的文学，以此死守着学院知识分子的最后一道防线，不相信对历史的了解是文学批评的前提，不相信文学的重要性在于文学是能够指导生活的。

纽约学派则恰恰相反，更为看重文学与人生的关系。威尔逊对文学的历史阐释所进行的深入探讨，为纽约学派关于文学的认识奠定了基本格局。威尔逊追溯了这种阐释的历史源流和构成成分，提出这种对文学作品的根源的阐

---

① ［美］克林斯·布鲁克斯：《精致的瓮——诗歌结构研究》，郭乙瑶、王楠、姜小卫等译，上海人民出版社，2008年，第73、184、204页。

第三章 文学是对人生的批评

释涉及了文学的社会、经济、心理和审美四个维度。他认为，西方对文学进行历史阐释的社会维度的批评传统，应该追溯到维科。维科通过对荷马创作史诗《伊利亚特》和《奥德赛》的历史时期和地域的分析，阐释了这两部文学作品之间存在的差异及其原因。这种批评传统经过约翰逊、赫尔德、黑格尔的补充之后，在丹纳那里第一次形成了文学批评领域的一种完整的历史阐释理论，并且其具体原则在批评实践中得到了系统而广泛的应用，即著名的时代、种族、环境三因素说。马克思、恩格斯继续作出的贡献在于，把经济的成分作为人类文明的基本成分加入到丹纳的批评"装置"中，并且以其对经济基础和上层建筑之间相互作用的精当分析，丰富了唯物主义的辩证法。在马克思和恩格斯之后，"用社会—历史的哲学对文学进行的阐释正变得更加困难和更加复杂，而不是更加简单和更加容易"。[①] 对文学的政治功能的坚持，则产生于马克思主义传播之前沙皇俄国所特有的历史倾向，只是在后来才与马克思主义有了关联。因此，"马克思主义的价值在于它

---

① Edmund Wilson, "The Historical Interpretation of Literature," in *The Triple Thinkers*, New York: Octagon Books, 1977, p.262.

作为主体的建构
纽约学派文化批评研究（1937—1952）

是分析文学的起源和作用的强有力的工具"[1]。威尔逊所说的政治是一个宽泛的概念，指的是公共领域和文学之外的更大的世界中的思想和行动，即我们一般意义上的社会现实。[2] 这种政治也就自然纳入了文学的社会维度。

这之后，弗洛伊德心理分析成为这种历史阐释序列中的又一个成分。这种方法允许批评家从作家传记的角度理解作家的文学个性，进而挖掘出一个模式来阐释文学作品。威尔逊强调说：

> 历史批评家对一个作家的作品中反复出现的态度、冲动、情感"模式"有着浓厚的兴趣。这些态度和模式深深地嵌入社会共同体和历史时刻当中，可能会显示其理想和疾患，就像细胞会显示出组织的状态一样。[3]

这里关于"疾患"的比喻，威尔逊在他的文学评论

---

[1] [美] 迈克尔·赫尔方：《爱国者之血·中译本序言》，胡曙中译，上海外语教育出版社，1993年，第4页。

[2] 邵珊：《走向文明的批评：现实与诗性之间——论埃·威尔逊的批评观》，《南京师大学报（社会科学版）》2006年第6期。

[3] Edmund Wilson, "The Historical Interpretation of Literature," in *The Triple Thinkers*, New York: Octagon Books, 1977, p.266.

第三章　文学是对人生的批评

集《创伤与神弓》(1941)中表述得更加明晰。这可以说是"威尔逊特征的一个假设：即社会和艺术家都处于患病或伤残的状态之中，对于这一疾患的仔细研究会导致对个人的创造性和文化史有深刻而真实的理解，这一理解要比强调健康、明智或道德是行动和创造的动机那种较为流行的阐释更为深刻和真实"。[1]他曾经指出狄更斯作品中"谋杀"和"囚徒"意象的不断重现，实际上表现了作家个人生活所带来的难以治愈的心理创伤，以及强迫症似的心理压抑。这不仅反映了作家个体的精神状态，也折射了那个时代的精神状态。威尔逊认为："狄更斯一生的所有作品都是试图去化解这些早期的打击和磨难，向自己解释它们，使自己与它们相安无事，并绘制一个可以理解且能够接受的世界，在这个世界中这些事情是会发生的。"[2]威尔逊在这里尝试把社会—历史批评和弗洛伊德心理分析结合起来，对狄更斯的童年窘迫进行了细致的挖掘，揭示了狄更斯作品中一度被忽视的思想深度和艺术复杂性。

威尔逊同时强调，无论从历史的、传记的、心理的

---

[1] ［美］迈克尔·赫尔方：《爱国者之血·中译本序言》，胡曙中译，上海外语教育出版社，1993年，第4页。

[2] Edmund Wilson, "Dickens: The Two Scrooges," in *The Wound and the Bow: Seven Studies in Literature*, New York: Farrar Straus Giroux, 1978, pp.8-9.

作为主体的建构

纽约学派文化批评研究（1937—1952）

观点如何彻底地细察了文学作品，批评家也还必须努力对文学作品做出审美评价，即区分其好坏优劣，就像艾略特、乔治·森茨伯里（George Saintsbury）的非历史阐释所做的那样，否则是根本写不出文学批评的，而只能反映文学文本中所蕴含的社会史、政治史、心理史或学术年表。他进而提出，情感反应是区分文学作品好坏优劣的关键。一流的文学作品能够使人治愈疾患、得到安慰，甚至带来喜悦，尽管这并没有真正客观的标准能够加以衡量。人类所有的智力活动都是为了赋予人类的经验以这样的意义，人类的经验又始终随着人类的发展而变化，这就将批评家再次带回到历史阐释的视角。威尔逊在他撰写的《爱国者之血——美国南北战争时期的文学》（*Patriotic Gore: Studies in the Literature of the American Civil War*, 1962）这部文学史中，就贯彻了这种历史阐释的视角。

特里林在美国被誉为"知识分子的良知"，阿诺德对他产生了决定性的影响。阿诺德在《当今批评的功用》（1864）一文中，将"批评"从人们共识中的"文学批评"范畴扩展到了广义的人生批评。[1] 特里林最初研究阿

---

[1] 这篇文章本来是马修·阿诺德1864年10月在牛津大学的讲演，同年11月发表于《国民评论》（*National Review*），后来收入《批评一集》（*Essays in Criticism, First Series*, 1865）。

诺德，也是遵循着阿诺德本身的思想逻辑尝试对其从历史、文化的角度加以阐释。这种选择成为特里林后来研究的根本出发点，即努力融合马克思和弗洛伊德的方法来进行文学批评。特里林就是从马克思和弗洛伊德这里获得了"有关历史、社会和文化的真实性（actuality）和亲切性（intimacy）的感觉"①。拉曼·塞尔登在《文学批评理论——从柏拉图到现在》(*The Theory of Criticism: From Plato to the Present*, 1988) 一书中把特里林列在了"文学与人生"一章加以讨论，认为他承继了阿诺德、亨利·詹姆斯、劳伦斯、利维斯的传统。对特里林而言，"文学的功能最终是能够发现和判断价值观的社会和道德功能"②。他曾经不无洞见地指出，面对简·奥斯汀，读者将会发现自己被要求做出的评判，不仅要有文学上的鉴赏，还要有关于自己的性情和人格，以及关于自己和社会乃至全部生活的关系的决定。

特里林对"政治"这一范畴有着独特的理解，他认为"政治"广义上是指"文化中的政治，人生的组织状

---

① Lionel Trilling, *The Last Decade: Essays and Reviews 1965-75*, Diana Trilling ed., New York: Harcourt Brace Jovanovich, 1979, p.237.

② Lionel Trilling, *Speaking of Literature and Society*, Diana Trilling ed., New York: Harcourt Brace Jovanovich, 1980, p.48.

作为主体的建构
纽约学派文化批评研究（1937—1952）

态——与这种或那种目标相关，与观念的修正相关——这也可以说是人生的基本属性"①。在特里林看来，政治所承担的任务，就是想象人生、模塑观念。这种"政治"同文学一样指向了人生。文学与政治的关系即使并不总是明显的，也必然是存在的。同样，特里林对"文化"的理解，也是指向人生。他认为，文化表现为"一切社会行为，从最必不可少的到最不必要的，它们被认为具有观察得到的或者假定的完整性"。②作为文化的显现，文学作品能够而且应该从许多角度加以检验。由此，特里林在他的文化批评模式中，给予了许多批评方法发挥作用的空间，包括形式主义的审美分析、类型研究、传记、社会学、心理分析、历史学、道德批评、文体论、现象学，等等。这些方法都紧密结合着特里林对政治和文化的理解，聚焦于人类的道德生存状况，力求呈现文学对于人类精神和人类社会思考的意义。

纽约学派强调文学的社会功能、道德功能，正是揭示了文学的人学特性。菲利普斯和拉夫集中讨论过美国批

---

① Lionel Trilling, *The Liberal Imagination: Essays on Literature and Society*, New York: Charles Scribner's Sons, 1976, p.xi.

② Lionel Trilling, ed., *Literary Criticism: An Introductory Reader*, New York: Holt, Rinehart and Winston, 1970, p.19.

第三章 文学是对人生的批评

评传统的缺失，提出文学的功能应该是通过给予人类经验以形式、意义和连续性，使人生变得重要。他们强调：

> 个体生命会无望地保持忙碌并隔绝于历史环境，如果它不是为了持续地传递人类的价值、希望和动机——简言之，人类的精神。如果人类经验的积累没有通过艺术手段社会化，人类的智力和理性行为将永远只是一种可能。①

卡津也强调，文学是一种人类的需要，他也把文学史定位在文化史的宽广领域中，坚持与威尔逊相似的批评标准，即坚持从经济、社会、美学和道德四个维度来评价文学。卡津在他的代表作《现代美国文艺思潮》一书中明确指出，"我们美国的现代文学骨子里就是我们美国现代生活的表现"，"它根源于这一流动而不能言喻的，在工业资本主义及科学压迫下美国生活，思想及风尚底精神上的变革"。归根结底，美国现代文学"根源于要了解现

---

① William Phillips & Philip Rahv, "Some Aspects of Literary Criticism," *Science and Society*, Vol.1, No.2 (Winter 1937): 218.

作为主体的建构
纽约学派文化批评研究（1937—1952）

代时期现实生活究竟是什么的需要上"。① 经历了对维多利亚文雅风尚的反叛，经历了企求现代解放的奋斗，德莱塞—福克纳们却仍然怀有隐隐的悲剧感和疏离感——攫人的狂暴、最深沉的苦难、时间感的重压、成长的节奏、胜利的脆弱、感到真理的需要而又无法掌控，等等。于是，美国现代文学扎根于 19 世纪末美国本土的社会生活、思想观念、道德习俗方面的种种纷争，充分展现了在建立一个新世界的种种力量面前所产生的惊异，逐渐形成了自己的现代主义风格。

1948 年第 8 期《党派评论》发表了题为《美国文学的现状，1948：七个问题》的访谈录，九位文学界人士对此作出了自己的回答。② 这七个问题本身在一定程度上呈现了美国文学界 20 世纪 40 年代的总体面貌，并且直接反映了美国文学批评界的现状，击中了当时美国文学创作和文学研究给人们带来的困扰。这篇访谈录涉及的具体

---

① [美]A.卡静:《现代美国文艺思潮》，冯亦代译，晨光出版公司，1949年，第492、3—4页。
② 这九位文学界人士，包括纽约批评家莱斯利·费德勒、克莱门特·格林伯格、莱昂内尔·特里林，另外六位则是约翰·贝里曼（John Berryman）、R. P. 布莱克默（R. P. Blackmur）、罗伯特·格尔海姆·戴维斯（Robert Gorham Davis）、约翰·克罗·兰色姆（John Crowe Ransom）、华莱士·史蒂文斯（Wallace Stevens）、亨利·路易斯·门肯（H. L. Mencken）。

第三章 文学是对人生的批评

问题如下：

1. 20世纪40年代的美国出现了什么新的文学趋势或者文学形象？这十年的文学风格，与20年代、30年代相比如何？两个战后时期文学的不同，能否在其与欧洲局势的关系中解释清楚？

2. 美国中产阶级趣味的文化，这十年是否影响力日益增长？这一倾向与严肃文学处于什么关系——威胁还是巩固？

3. 在40年代后期发生的文学复苏意味着什么？这仅仅是一种出版现象，还是一种文学趣味的有机组成——对于当时的文学需要而言，重新发现过往作家在某些方面富有真正的表现力？

4. 人们普遍认为，这个时期的文学不再像20年代热衷于语言和形式的实验。如果确实如此，这一事实的重大意义何在？当前的文学是对早期实验的创造性吸收，还是其走向了死亡？

5. 大多数20年代作家是自由作家，现在许多作家却是靠在大学教书为生。这种变化是否影响了我们这个时代的文学风气？能不能合乎情理地推断

作为主体的建构
纽约学派文化批评研究（1937—1952）

出美国文学自从20年代以来已经变得越来越学术化了？

6. 近些年的严肃文学批评对于诗歌的分析和阐释呈现出一种特别的爱好。在诗歌本身的读者群日益减少的时代，这种专注的重要意义是什么？文学能否同样得益于批评对于其他文学类型的关注？在我们这个时代，当文化作为一个整体的命运遭到质疑时，文学的根本价值是否也需要被重新审视？

7. 苏维埃共产主义与民主国家之间关系的日益紧张，对美国文学及文学趣味产生了什么影响？一个作家，作为作家或者作为个人，应该让自己介入其中吗？①

这些问题涵盖了文学和文学批评与时代变迁、社会风尚、阶级趣味、批评学术化、文学复苏及文学实验等各个方面的关系，追问文学的根本价值，思考作家和批评家的社会身份，探究文学和文学批评在这一文化现状中究竟应该向何处去。虽然其中任何一位学者对于这些问题的回

---

① "The State of American Writing, 1948: Seven Questions," *Partisan Review*, Vol.15, No.8 (August 1948): 855–856.

答，都不能绝对代表纽约学派的立场与观点，但这一系列讨论本身就已经彰显了纽约学派关注的重心还是在于文学与人生的关系。

二、小说的道德功能

《党派评论》在1948年连载了萨特《什么是文学？》(*What is Literature?*) 一文的英文版。这篇著名文章的法文版刚刚在1947年发表。萨特在文章的开篇就明确指出，由于诗歌与散文对待语言的方式不同，它们在"介入"的问题上也就处于不同的地位。诗人"拒绝利用语言"，把词看作物，除掉了词的工具性，不以发现并阐述真理为目的，因而，诗歌不能成为文学斗争的一部分；作家"使用"语言，把词看作符号工具，通过揭露并为了改变而行动，因而，"散文在本质上是功利性的"。[1]萨特此时还是把文学看成救赎的一种手段，主张作家必须正视其所处时代的具体问题，必须以写作来促进人类自由。他特别重视作家的社会责任，自己的文学创作也遵循了这一原

---

[1] [法] 让-保罗·萨特，《什么是文学？》，施康强译，载李瑜青、凡人主编《萨特文学论文集》，施康强等译，安徽文艺出版社，1998年，第74—83页。

作为主体的建构
纽约学派文化批评研究（1937—1952）

则。威尔逊曾经撰文分析了萨特的四部作品，即《恶心》《苍蝇》《波德莱尔》《脏手》，指出"这些作品都是针对着人类对抗命运主题而发挥的，套句简单的话，即论自由的主题"①。尽管自由的精神难以达成，但人类还是应该以负责任的态度对抗艰难的命运，超越现存的困境，发现通往自由之路。萨特的介入文学的理论，就是出自一种不言而喻的责任伦理学。在萨特看来，喜爱诗歌，也就是喜爱诗歌的不介入；喜爱散文，也就是喜爱散文的介入。这种观点代表了当时西方知识分子的主导思想，尤其是与美国新批评派的重视诗歌分析和纽约学派的重视小说分析，即前者的批评的不介入倾向和后者的批评的介入倾向，形成了绝妙的呼应。

对于形式主义者而言，文学不仅仅是一个道德的与智力的活动，而且是唯一的活动——他们把一切人类的言论归入文学，一切的文学归入诗歌，一切的诗歌归入他们愿意研究的一种诗歌。② 美国新批评派更注重、更感兴趣的文体就是诗歌，他们把英国17世纪的玄学诗奉为诗

---

① [美] 威尔森：《存在主义者：沙特》，载《威尔森文学评论集》，蔡伸章译，志文出版社，1977年，第112页。
② [美] A.卡静：《现代美国文艺思潮》，冯亦代译，晨光出版公司，1949年，第523页。

第三章 文学是对人生的批评

歌的最佳范例,以所有散文文体为对立面来就诗论诗地阐明诗歌的特征。艾伦·塔特曾经略带轻视地指认小说不是纯正的文学形式,因为它太像历史了。在不敢或不愿承认自己进行形式主义批评时,他们甚至尝试自称为"诗歌语义学批评"(semantic criticism of poetry)。在美国新批评派的视野里,诗歌分析与小说分析这两者的二元对立关系并不是平等的,诗歌是他们所搜寻到的"文学性"最强的文体。他们将诗歌凌驾于小说之上的背后,另有其深层诉求。有学者认为,这是"具有深刻政治内涵的等级划分",因为新批评采取了本质主义的视角,把划定的文体与重建失去了的文化价值紧密联系在一起,而那些文化价值恰恰属于这些文体得以产生的那个社会。[①]

兰色姆《诗歌:本体论札记》(*Poetry: A Note on Ontology*, 1934)一文,就是在对诗歌进行分类时,首次提出了本体论批评的理论设想。他在《新批评》(1941)一书中考察了关于诗歌的"文学性"的种种理论,然而,无论是瑞恰慈的情感论、布鲁克斯的结构冲突论、燕卜逊的含混说,还是艾略特的表现论、温特斯的道德论和格律

---

① 陈永国:《理论的逃逸》,北京大学出版社,2008年,第23页。

作为主体的建构
纽约学派文化批评研究（1937—1952）

论，都不能满足兰色姆分清诗歌话语与散文话语界限的要求。在他看来，诗歌是因为拥有了鲜明的肌质，才能与散文区别开来。

> 如果一个批评家，在诗的肌质方面无话可说，那他就等于在以诗而论的诗方面无话可说，那他就只是把诗作为散文而加以论断了。①

如果说构架是诗歌中能够用散文来加以转述的逻辑核心，那么，肌质就是诗歌中无法用散文加以转述的部分。诗歌的本体就在于肌质，即局部性的细节。在诗歌中，构架负载肌质，但肌质与构架分立，并且比构架重要；在散文中，只有构架，即使有细节也是附属于构架的，是不能分立的部分。文学批评的对象，就应该是"肌质化"（textured）为一种本体存在的文学作品。因此，兰色姆大胆地指出："诗比散文好，因为诗是更丰富的馔饮。"②

---

① [美] 约翰·克娄·兰色姆：《纯属思考推理的文学批评》(1941)，张谷若译，载赵毅衡编选《"新批评"文集》，百花文艺出版社，2001年，第108页。
② [美] 约翰·克娄·兰色姆：《纯属思考推理的文学批评》(1941)，张谷若译，载赵毅衡编选《"新批评"文集》，百花文艺出版社，2001年，第111页。

第三章　文学是对人生的批评

布鲁克斯更是干脆否认诗歌的可散文释义部分是诗歌可以依赖的支架，它"既不代表诗的'内在'结构，也不代表'基本'结构或'真正'结构"，只是类似随意搭建在诗歌建筑物周围的脚手架。① 即使面对艾伦·塔特的"张力"论这一新批评理论的出色总结，美国新批评派也只是把"张力"看成是诗歌内部的各种辩证关系的总称。有学者就总结到，新批评的所谓张力存在于"诗歌节奏与散文节奏之间；节奏的形式性与非形式性之间；个别与一般之间；具体与抽象之间；比喻，哪怕是最简单的比喻的两造之间；反讽的两个组成部分之间；散文风格与诗歌风格之间"。②

韦勒克曾经从批评史的角度概括了西方学术界对新批评的四大指控，即唯美主义、非历史主义、追求批评的科学性，以及仅仅具有作为一种教学手段的价值。在随后的辩护中，他坚持认为"新批评派所教诲的许多内容言之成理，而且将继续有效，只要人们还在思考文学和诗

---

① ［美］克林斯·布鲁克斯：《精致的瓮——诗歌结构研究》，郭乙瑶、王楠、姜小卫等译，上海人民出版社，2008年，第186页。

② William Van O'Connor, "Tension and Structure of Poetry," *Sewanee Review*, Vol.51, No.4 (Spring 1943): 555–573.

作为主体的建构
纽约学派文化批评研究（1937—1952）

歌的性质和功能"①。韦勒克在这里特别提出与"文学"并列的"诗歌"这一文体，也是暗含了他对于新批评看重诗歌的赞同。他在回顾拉夫的批评生涯时专门注意到，诗歌超出了拉夫的批评视野。②拉夫曾经对兰色姆把小说视为诗歌进行批评的尝试提出异议，反对高估风格和技巧的价值，坚持摒弃新批评的"狭隘文本形式主义方法自身所导致的沉闷"及其"不承认和未作分析地笃信一种蒙昧主义社会，以及历史意识形态的态度"。③新批评作为一种批评手段具有一定的价值，但是，一旦它走向文本中心主义的极端也就误入歧途，抑制了文学批评的创造力。美国新批评派把诗歌批评所产生的有效性不加分析地移植到小说批评上，把风格、技巧也同样视为小说的首要评价标准，造成了文学批评的混乱局面。虽然小说与抒情诗都是语言艺术，但二者不能简单地画等号——小说的语言具有公开交际的功能，诗歌的语言就是诗歌本身的目的。在拉夫看来，主题、结构才是小说家要面对的首要难题。小说

---

① ［美］雷纳·韦勒克：《近代文学批评史》（第六卷），杨自伍译，上海译文出版社，2009年，第258页。
② ［美］雷纳·韦勒克：《近代文学批评史》（第六卷），杨自伍译，上海译文出版社，2009年，第176页。
③ Philip Rahv, *The Myth and the Powerhouse*, New York: Farrar, Straus, & Giroux, 1965, p.66.

第三章　文学是对人生的批评

批评要处理好主题与风格、技巧的关系，即内容与形式的关系。①

诗歌创作本身一直在美国占有非常宽广的领域，密切反映了美国社会变迁诸方面的内容，具有社会的、政治的和美学的功能。其中，从美国诗歌的发展史看，现代主义诗歌的发端很少会被认定在艾略特发表《荒原》（*The Waste Land*）的1922年，而是大多追溯到1910年左右，甚至有的具体确定在发生了一系列重要诗歌事件的1912年。但是，在进入20世纪20年代以后，关于女权主义运动的诗歌，关于黑人自豪感的诗歌，关于农场里绝望情绪的诗歌，关于工业生产场所的诗歌，关于失业者的诗歌，关于文化衰落的诗歌，关于爱情的诗歌，关于南方乡土风情的诗歌，等等，这些现代主义的诗歌才不断发表。尽管西方学术界也有人认为，新批评不仅对诗歌的分析成就突出，也对其他文体进行了分析，只是尚未得到充分关注而已。布鲁克斯、沃伦在《诗歌鉴赏》（1938）之后编撰的《小说鉴赏》（1943），以及布鲁克斯、海尔曼（Robert B. Heilman）合著的《戏剧鉴赏》（1947），都是

---

① Philip Rahv, "Fiction and the Criticism of Fiction," in *Literature and the Sixth Sense*, Boston: Houghton Mifflin Company, 1970, pp.234, 240.

作为主体的建构

纽约学派文化批评研究（1937—1952）

作为教科书出现的，因而都不得不突破新批评形式自足论的"紧身衣"，承认文学作品表现为作家寻求生活意义时所做出的一种努力。但是，占据主导地位的美国新批评派的诗歌批评，却使诗歌这一文体仍然保持了高雅姿态。美国新批评派强调非历史的文学分析，其所秉持的"文学理论与现代主义革命基调明显地背道而驰，暗中把不连贯的现代主义诗歌与高雅传统中的理想化的诗歌观融为一体"，"把孤立的现代主义文本视为一种纯粹的审美对象，对它进行语言分析而丝毫不涉及社会影响和批评"。[①]

纽约学派和美国新批评派都同样反对机械论式的社会—历史分析，但是，与新批评就此隔断历史与文学作品的关系来评论文学不同，纽约学派试图建立起二者之间的有机联系。因此，当美国新批评派20世纪40年代把马克思主义文学批评作为一种社会—历史批评加以攻击时，纽约学派虽然也反对把马克思主义简单化，却还是对此进行了反驳。除了卡津对布鲁克斯的反驳，威尔逊也曾与兰色姆有过论战，仍然是反对新批评把文学从历史条件中抽出。兰色姆《纯属思考推理的文学批评》（1941）一

---

① ［美］埃默里·埃利奥特主编：《哥伦比亚美国文学史》，朱通伯等译，四川辞书出版社，1994年，第780页。

第三章 文学是对人生的批评

文,作为与威尔逊直接交锋的产物,明确把文学批评定位为"一种思考推理活动",即"对于事物的本体论的思考推理"。①他呼吁本体论批评家更多地出现,不仅批驳了以瑞恰慈、艾略特为代表的"心理学诗论",还批驳了以福斯特、威尔逊为代表的"伦理学诗论"。他把威尔逊视为伦理批评的马克思主义一派的代表,强调"文学批评的任务应该完全是美学观","不论哪种伦理观,用来领会、批评诗人的意图,都是同样不能达到目的的"。②

在20世纪的美国,诗歌总体上较以往衰落了;戏剧虽然在两次世界大战期间有过蓬勃的发展,但是首次出版都印数不多,再版的寥寥无几。进入20世纪20年代以来,小说一直是占统治地位的文体形式。威尔逊甚至提出:"诗歌作为文学表现的技巧已经完全被人类抛弃了。"③威尔逊的文学批评事业开始于美国新批评派之前,但其影响力的巅峰与美国新批评派的鼎盛期同时展开于20世纪30—40年代。尽管韦勒克认为"威尔逊从未详细探讨

---

① [美]约翰·克娄·兰色姆:《纯属思考推理的文学批评》(1941),张谷若译,载赵毅衡编选《"新批评"文集》,百花文艺出版社,2001年,第109页。
② [美]约翰·克娄·兰色姆:《纯属思考推理的文学批评》(1941),张谷若译,载赵毅衡编选《"新批评"文集》,百花文艺出版社,2001年,第100页。
③ [美]埃德蒙·威尔逊:《阿克瑟尔的城堡:1870年至1930年的想象文学研究》,黄念欣译,江苏教育出版社,2006年,第90页。

作为主体的建构
纽约学派文化批评研究（1937—1952）

过任何一位新批评派人物"[1]，这种并峙的情势还是无法回避二者的比照和交锋。韦勒克的这一观点是需要商榷的，也许他是指威尔逊没有专门撰写过与美国新批评派针锋相对的长篇巨论。但是，威尔逊除了驳斥过兰色姆的本体论批评外，对美国新批评派其他成员的评价也是立场很鲜明的。威尔逊在1925年对布鲁克斯的新著《亨利·詹姆斯的朝圣之旅》的批评中，就非常尖锐地指出了布鲁克斯运用的新批评方法造成了对詹姆斯的误读。他认为，这种为了证实自己的论点而断章取义的歪曲，是一种对艺术家的自私利用，不是一个文学批评家所应有的职业操守。威尔逊在他的文学批评成名作《阿克瑟尔的城堡》(1931)中谈论象征主义时也提出，抽离式的美学欣赏是非历史化的，使美学价值独立于其他所有价值终将一无所获。他直接对瑞恰慈科学家式的文学批评表示了不满，反对将诗歌分析写得像关于读者反应的心理学报告。

纽约批评家关注后启蒙时代的欧洲文学和后浪漫主义时代的美国文学，更多地受到小说而非诗歌或戏剧的吸引。他们重视小说的文化功能，尤为赞赏体现了现实主义

---

[1] ［美］雷纳·韦勒克：《近代文学批评史》（第六卷），杨自伍译，上海译文出版社，2009年，第183页。

伟大传统的小说。卡津《现代美国文艺思潮》(1942)一书的英文版正书名直译为"扎根本土",而副书名直译就是"现代美国散文研究",这等于明确表示不会把诗歌纳入该书的研究范围。这种对研究对象的界定,取决于卡津在文学价值观念上的选择,即重视能够从广度和深度上充分反映现实生活的文体。费德勒指出,当许多其他国家的作家也像美国作家一样不安地陷入对过去的执着时,他们发现,美国小说从20世纪20年代的语言与形式的大胆实验、30年代的强调社会意识到40年代的寻求形式稳妥所一直潜在的那个问题,最终被十分尖锐地提出来,即"在一个已经被击得粉碎而不再有传统维系的社会,孤独的个人能够创作出成熟和复杂得足以成为时代意识的诗歌吗?"——而在全世界面前提出这样一个问题,正是美国小说当时所取得的成就。①

从美国文学的总体发展历程看,美国小说从20世纪20年代后期就"深深地植根于民族、地域和阶级之中,以反映或铸造独一无二的民族特性为己任",在两次世界大战之间的年代则"从与时代不合拍的狭隘地方性中一

---

① Leslie Fiedler, "Adolescence and Maturity in the American Novel," in *The Collected Essays of Leslie Fiedler, Vol. I*, New York: Stein and Day, 1971, p.210.

作为主体的建构
纽约学派文化批评研究（1937—1952）

跃而成为一种具有世界性力量的文学类型"。[1]美国小说的发展当然包含了在表现手法上的努力革新，但更重要的是，作为观念的试验场，美国小说一直没有离开对美国形象的思考。菲利普斯对此曾经强调指出：

> 如果小说要有社会效益，它必须通过小说本身对价值准则的转移过程的描绘体现出来。这是从与读者在某些方面抱一致的立场转向一种对人类来说更可取，而且从心理学的观点看更可信的立场。[2]

也就是说，菲利普斯认为，小说的任务就是致力于将目前社会的局限性和未来社会的潜力进行比较，促进读者对整个生活的了解，从而改变读者感情上的忠诚。

纽约批评家所欣赏的文学，不仅是现实的和现代的，而且非常复杂和严肃，成熟而艰深。[3]他们对现代主义文学的青睐，也可以追溯到威尔逊。威尔逊的《阿克瑟尔的

---

[1] ［美］埃默里·埃利奥特主编：《哥伦比亚美国文学史》，朱通伯等译，四川辞书出版社，1994年，第708页。

[2] William Phillips, "The Humanism of André Malraux," *Partisan Review*, Vol.3, No.5 (June 1936): 18.

[3] Vincent B. Leitch, *American Literary Criticism from the Thirties to the Eighties*, New York: Columbia University Press, 1988, p.99.

第三章 文学是对人生的批评

城堡》(1931)是美国学术界早期最有影响力且最充分的对现代主义(主要是象征主义)的考察。正是在这本书的扉页上,威尔逊提出,理想的文学批评应该"是观察人类意念与想象如何被环境模塑的一种历史"。[1]这一准则精确地描述了威尔逊的象征主义研究。他在全书开篇就明确表示,写作此书的目的就是为了呈现西方现代文学的源起和倾向,并且说明这些倾向在作家身上的具体面貌。他强调,现代文学思潮(即象征主义思潮)作为一个全新的思潮,不是一个用传统上古典与浪漫的二元之分能够讨论的文学现象。威尔逊在解读这些象征主义作家(包括诗人和小说家)的作品时,一直都在关注它们与其他已经被认可的经典在内容、形式、文学意象等方面的互文关系,以及传统文化和现代文明在其中的渗透与呈现。他不仅关注这些作品中呈现的作家的思想与情感,而且充分注意到了技巧表现与思想、情感之间的相生互动作用。这远非新批评派形式本体论解读的单向度力量所可以比拟的。尤为值得注意的是,威尔逊是较早以象征主义视角分析小说的文学

---

[1] [美]埃德蒙·威尔逊:《阿克瑟尔的城堡:1870年至1930年的想象文学研究》,黄念欣译,江苏教育出版社,2006年,"代译序"之后。

作为主体的建构
纽约学派文化批评研究（1937—1952）

批评家。他对普鲁斯特、乔伊斯的分析颇受好评。即使分析叶芝、瓦莱里和艾略特这三位以诗歌创作为主的诗人，他也是逐渐由他们的诗歌转向了他们的散文，而不是像新批评那样把诗歌完全凌驾于其他文体之上。威尔逊在从事文学研究之初就把诗歌与小说同等对待，表现出了更为宽广的文学关怀。

纽约批评家对乔伊斯《尤利西斯》（*Ulysses*，1922）的普遍赞赏，也表征了他们对文学的评价包含了现代主义和现实主义的双重倾向，蕴含了既唯我又世俗、既虚无又指向人生、既消极又积极的因素。这种辩证交互，构成了纽约学派文化批评的一个基本理念。作为一位文化批评家，威尔逊选择在相关的经济、社会和政治背景中探讨审美现代主义这一文学现象。在威尔逊的视野中，现代主义是一种令人意志消沉的文化的产物。它的冷漠和疏离，它的漫无目标和绝望，不是仅仅单纯地反映了少数与世隔绝的诗人的神经衰弱，而是呈现了处于危机中的美国文化的实际面貌。因此，象征主义文学不再能作为美国文学的向导。威尔逊对美国文学未来的最大希望，就是自然主义和象征主义能够共同提供一个丰富而敏锐、复杂而完整的视角，富于想象力地表现人生及其所处的世界。①无产阶级文学和"与世隔绝的象征主义"，由于各自偏重其中一极，都同样遭到了纽约学派的严厉批评。拉夫对教条主义的无产阶级文学的谴责，欧文·豪对不为现实所动的象征主义文学的批评，皆出于此。欧文·豪最为欣赏的就是"社会小说"。尽管他赞赏现代主义文学形式的完美和想象的丰富，但对现代主义文学的唯我主义和虚无主义，及其失去了与人生的联系尤为失望。②现代主义与激进主义的联姻，恰好弥补了这一点。

对于文学中的现实主义因素，特里林尝试着使其不仅容纳了通常的客观意义上的现实主义，还容纳了主观的道德意义上的现实主义。在特里林看来，伟大的作家所拥有的道德才智对人类社会的影响具有独特的意义。但丁、乔叟、莎士比亚，以及其他所有伟大的作家"从未引发信仰的改变或革命的发生"，但是，这种影响能"超越所有的想象去构想出这个世界从未存在但理应具有的道德状况"。这些伟大作家的经典"沉入了人类思想的深处，以

---

① [美] 埃德蒙·威尔逊：《阿克瑟尔的城堡：1870年至1930年的想象文学研究》，黄念欣译，江苏教育出版社，2006年，第208页。
② Vincent B. Leitch, *American Literary Criticism from the Thirties to the Eighties*, New York: Columbia University Press, 1988, pp.100–101.

作为主体的建构

纽约学派文化批评研究（1937—1952）

至于人们会将它们遗忘，以至于人们意识不到它们的作用，有时这种作用甚至会违逆人们有意识的选择"。[1]特里林的道德现实主义，为想象性的文学作品在模仿和表达的功能之外，又添加了明显的教诲功能。这种对教诲功能的关注，其实也是关于美国文化认同的思考。尽管威尔逊、拉夫、欧文·豪都没有直接讨论道德问题，但他们也认为，文学的教诲功能具有文化上的重要意义。对于一流的文学创作而言，美学上的完美是必要的，但不是充分的，文学也应该宣扬社会的善。纽约学派把文学的模仿、表达和教诲功能相结合，确保了文学与人生和社会的道德互动，当然，这也与新批评自治的文本诗学形成了对峙。

特里林1971年在回顾自己如何步入批评家生涯时，表示自己的想法从根本上都源于自己20世纪20年代的小说家经历，而不是源于前辈批评家和那些系统地思索文学的本质和功能的哲学家。特里林早年就热衷于欧洲文明，尤其景仰英国文化，英国经典成为他判断优秀文学的标准。他特别重视19世纪英国的思想小说，不仅把英国小说家福斯特当作研究欧洲文学传统的一个重要对象，同

---

[1] Lionel Trilling, *E. M. Foster*, Norfolk, Connecticut: New Directions Books, 1943, pp.183–184.

第三章　文学是对人生的批评

时还从福斯特那里借鉴了一个重要的研究视角——道德现实主义。特里林以小说来指引其文学批评的方向，倾向于关心道德问题，以及那些由日常生活经验、文化和历史经验提出的问题。他即使关心美学问题，也是把它放在第二位。① 特里林提出，"道德是完成的风格"；小说作为一种文体不能只考虑文体风格等形式上的完美，还必须具有道德上的生命，即"必须保持质地上某种程度的粗糙、也就是某种坚硬的实在性"，"必须和某些不可缩减的平淡的现实性合作以破坏它自身的美"。②

正是在1938年评价福斯特的一篇文章中，特里林第一次提出了"道德现实主义"这一范畴。他把福斯特和海明威以来的美国小说家进行了对比，认为海明威们外表强硬但内心脆弱，而福斯特的作品看起来柔软，实质上却坚韧如指甲。③ 特里林推崇简·奥斯汀，也是因为她"第一

---

① Lionel Trilling, "Notes for an Autobiographical Lecture," in *The Last Decade: Essays and Reviews, 1965–75*, New York: Harcourt Brace Jovanovich, 1979, p.227.

② ［美］利奥纳尔·特里林:《曼斯菲尔德庄园》，载朱虹编选《奥斯丁研究》，中国文联出版公司，1985年，第238页。本文译自特里林的文集《对立的自我》(*The Opposing Self*) 1955年美国版的第181—202页。

③ Lionel Trilling, "The Primal Curse," *New Republic*, No.96 (October 5, 1938): 247.

作为主体的建构

纽约学派文化批评研究（1937—1952）

个表明社会及其总的文化背景在人的道德生活中所起的作用"，第一个形象化地解释了黑格尔所提出的现代社会的一个主要特征——"精神的世俗化"。[①] 特里林认为，在一个不再拥有坚定的政治信念的战后时代，文学阐明了人生的双重含义，而小说是其中必不可少的想象的重要形式，它的力量就在于它的道德现实主义。

这种现实主义不是19世纪中叶的规范的现实主义，不是关于风格和社会体制的现实主义，不是决定论和必然论的现实主义（即自然主义），不是揭发丑闻的现实主义，不是20世纪30年代负有意识形态使命的政治现实主义。道德现实主义的显著特征，就在于其明确的历史张力意识。

> 在这种意识中，反对与介入的矛盾要求，异化与适应，孤立的自我与大众的社会制度，竭力弄懂毫无规律且又可怕的历史过程的存在意义的荒谬可笑的个人，相互结合起来，再结合起来。历史的压力，必然的意识，把自我与社会既加以区别又结合

[①]［美］利奥纳尔·特里林,《曼斯菲尔德庄园》,载朱虹编选《奥斯丁研究》,中国文联出版公司,1985年,第243页。

第三章 文学是对人生的批评

起来的强烈欲望,为这类小说中表达强烈的现实的观念留下了余地。……人们尝试从潜在的集权状态中引出人道主义的结论,对一个充满冷战意识形态的世界做出道德评价,从一个似乎在每一条广告标语里都肯定乐观主义的存在和在每一瓶百事可乐里都肯定快乐的存在的时代里发掘出当时被称为"生活的悲剧意识"的东西。①

特里林后来在他1943年研究福斯特的专著《E. M. 福斯特》中,对这种"绝对无情的"道德现实主义的推崇有所缓和。此时他认为,所有小说家都关注道德,但并非都关注道德现实主义。道德现实主义不是对"道德本身"的意识,而是对"有道德的生活"所必然导致的"矛盾、悖论和危险"的意识。②这显然依旧指向了复杂多变的社会人生和文学想象。特里林所说的道德显然包含了人与社会的关系,而文化批评就是要确立作家的社会职责,因为作家就应该扮演"文化英雄"的角色。特里林在《美国的

---

① [美]埃默里·埃利奥特主编:《哥伦比亚美国文学史》,朱通伯等译,四川辞书出版社,1994年,第954页。

② Lionel Trilling, *E. M. Foster*, Norfolk, Connecticut: New Directions Books, 1943, pp.11–12.

作为主体的建构
纽约学派文化批评研究(1937—1952)

现实》一文中谈到美国民族文化问题时指出:

> 文化不是一种潮流,甚至也不是四面八方的汇集;它的存在形式是斗争,或者至少是论争——如果文化不是一个通过对立力量冲突取得变化的过程,那它就什么都不是了。[1]

由此,我们可以看出,在纽约学派文化批评的视野中,作家自身内在的辩证矛盾,就是其所处时代的文化内在对立冲突的反映;作家不应该屈从于任何意识形态团体或者趋向,而应该成为时代的智慧宝库和未来的预言家。

特里林在20世纪20年代末期已经勾画出了一种小说理论的轮廓,但到了40年代才对此做出了连贯清晰的表达,阐发了小说的道德功能和知识分子所肩负的责任,即小说就是"一种对现实的永恒追问,它所研究的永远是社会领域,它所分析的永远是作为人类灵魂风向标的行为方式"。小说这种文体充满了现实主义精神,能够在现实世界中发现重复性和多样性、矛盾和虚伪,以及存在于社

---

[1] Lionel Trilling, "Reality in American," in *The Liberal Imagination: Essays on Literature and Society*, New York: Charles Scribner's Sons, 1976, p.9.

第三章 文学是对人生的批评

会制度和意识形态之外的可能性。然而，特里林补充道："像我描绘的这种小说尚未在美国真正确立起来。"[1] 特里林批评斯大林主义将道德简化为对一个特殊的政党的支持，提出道德牵涉到与金钱、阶级和势利相关的非常复杂的行为方式和文化氛围。因此，对特里林的道德现实主义的最好解读，也许就是把它视为20世纪30—40年代美国文学中所有缺席者的总和——思维灵活客观，重视阶级存在和社会风俗，以及具有人生的悲剧感。[2] 特里林在《E. M. 福斯特》这本专著1964年再版时坦言，1943年写作此书就是为了和当时已经建立起来的美国文学吵上一架，用福斯特的充满活力的复杂和反讽打破美国文学的迟钝和虔诚的天真。[3]

这一文化批评见解在纽约学派稍后的两部专题论著，即蔡斯的《美国小说及其传统》(*The American Novel and Its Tradition*, 1957) 和费德勒的《美国小说中的爱与死》(1960) 中，得到了更加充分的阐述。他们指出，

---

[1] Lionel Trilling, "Manners, Morals, and the Novel," in *The Liberal Imagination: Essays on Literature and Society*, New York: Charles Scribner's Sons, 1947/1976, p.212.

[2] Mark Krupnick, *Lionel Trilling and the Fate of Cultural Criticism*, Evanston: The Northwestern University Press, 1986, pp.65–66.

[3] Lionel Trilling, *E. M. Foster*, New York: New Direction, 1964, pp.3–4.

作为主体的建构
纽约学派文化批评研究(1937—1952)

美国历史建立在一种神话式叙述的基础上,又缺乏根深蒂固的风俗习惯,于是就发展出一种"反传统"的美国小说,其特点是推崇"传奇"和"歌德式"。但是,美国小说又对历史的具体过程保持了长期的关注。拉夫《神话与源泉》(1953)一文在谈到神话批评,以及割裂文学与历史的批评普遍流行时强调,历史过程在美国小说中所起的作用比许多批评家承认的大得多。他敏锐地指出,"对神话的狂热最为突出地体现了对历史的恐惧"[①]。站在与特里林一样的立场,拉夫号召美国作家关心社会与文化,培养一种历史和历史主义的意识。内森·A. 斯各特(Nathan A. Scott)在《三个美国道德主义者:梅勒、贝娄、特里林》(*Three American Moralists: Mailer, Bellow, Trilling*,1973)一书中,仔细观察和剖析了这三位支配了时代精神的重要人物,认为他们在战后都要求小说重新强调道德,渴望通过道德力量作用于文化来克服绝望和暴行。正如欧文·豪所评论的那样,"伦理道德的沉思",而非政治和历史的坚定信念,在当时成为人类精神生活中和小说中的一种风气。

[①] Philip Rahv, "The Myth and the Powerhouse," in *Literature and the Sixth Sense*, Boston: Houghton Mifflin Company, 1970, p.205.

三、美国精神的重塑

对于现代美国文学批评界而言，文学传统与文学个性这一对范畴有着一层特别的蕴含，即欧洲传统、美国传统与美国个性的关系问题。一般而言，继承了欧洲传统，就意味着丧失了美国个性；继承了美国传统，就意味着拥有了美国个性。然而，在美国现代文学的发展进程中，欧洲传统与美国传统往往纠缠在一起，美国文学个性的确立也就问题重重。纽约学派极为关注文学传统与文学个性的问题，始终都带着强烈的使命感阐释个体与文化的关系。当纽约学派开始发掘美国文学传统的丰富性时，这相当于表明，他们需要并且可能为美国现代文学想象出一个丰富的美国自己的传统，即所谓的"美国经验""美国形象""美国精神"等，以便建构起独特的美国文化，充分唤起美国作家和公众对美国文学的信心，推动美国文学和文化真正走向个性的独立。

美国自从政治独立以来，就一直试图实现与之相应的文化独立。

到19世纪中期，美国不仅建立了稳固的民主政

作为主体的建构

纽约学派文化批评研究（1937—1952）

体，而且因为一大批以华盛顿·欧文（Washington Irving）为首的美国本土作家的出现与诺厄·韦伯斯特（Noah Webster）美国英语词典的出版，初步实现了文化上的独立，具有了比较鲜明的文化特色。[1]

就美国现代文学的发展而言，欧洲经典的垂范在初期阶段不仅是历史的必然，而且确实有助于美国文学的发展。经典就是在提供一个范本。可是，在美国力图发出自己的声音时，旧的范本就一定会成为束缚。这样，美国文学批评的目标诉求，就必然与美国赢得独立的文化主导权这一重大的文化使命息息相关。而对能够承载这一文化使命的，甚至有可能成为美国所需要的未来经典的文学作品的分析，也就必然成为纽约批评家的普遍关注点。这就是说，纽约批评家要超越经典，只能是以新经典来代替旧经典，通过他们的文学批评设置出一种属于美国文化的新的评价秩序。他们的美国化意识完全打破了其文化激进主义对左翼意识形态固守的可能，明确地将其文化批评的力量集中于美国传统的历史建构，即集中于美国精神的追溯与

---

[1] 张涛：《美国学运动研究》，商务印书馆，2004年，第18页。

完善。在这一进程中,欧洲传统因其自身在美国传统中既有的历史位置,也得到了纽约批评家的正面肯定。

费德勒在倡导美国作家遵循美国经验时特别强调:

> 如果不知道过去与欧洲,那是希图保证我们自家特异处的最坏方法。①

虽然美国现代文学不能从根本上抛弃欧洲传统,但正是这种抛弃之不可能实现的焦虑把美国个性的"新传统"逐渐推上了前台。

菲利普斯和拉夫最初对于文学传统的重视,还主要表现在对于过去的文学标准的尊重。他们坚持文学批评标准有永恒的一面,不愿意完全抛弃所有传统的批评标准,即使历史和文化的发展提出了这样的激进主义要求。他们辩证地看待传统,既不全盘接受,也不全盘否定;既把传统视为激进主义文学的基础和文学批评的必要历史背景,又拒斥其不符合时代发展的意识形态因素。菲利普斯和拉夫对艾略特的评价,就集中地反映了他们的这种立场。他

---

① [美]莱斯利·费德勒:《文化与政治》,邵德润、刘光炎、邓公玄译,中华文化出版事业社,1960年,第226页。

作为主体的建构

纽约学派文化批评研究（1937—1952）

们在步入文学批评生涯之初，就对艾略特格外关注，把艾略特视作美国现代主义文学传统的一个典型代表。而像艾略特这样的诗人身上为何会呈现出激进的文学技巧和保守的政治立场的共存，则是他们必须要回答的一个重要问题。菲利普斯曾经尝试写一本书来探讨这个问题，尽管最终没有完成，但表明了他为构建一种马克思主义的文学批评来解释这类矛盾所做的努力。[1] 菲利普斯撰文公开指责艾略特保守的政治立场和宗教立场，认为艾略特虽然没有直接投身于法西斯，但他封建的和天主教的立场却毫无疑问地指向了这种反动的思想倾向。[2] 尽管认识到这一点，菲利普斯还是把重点放在了肯定艾略特保守的政治立场和激进的文学技巧相契合所具有的传统价值上。

艾略特的诗歌和批评都很关注现代性和传统的意义，而马克思也从政治的角度关注到这两个方面。[3] 弗瑞德·杜贝曾经谈到，除了经济大萧条、世界政治危机和文学圈弥漫的马克思主义氛围，他自己早年对艾略特的兴

---

[1] James Gilbert, *Writers and Partisans: A History of Literary Radicalism in America*, New York: Columbia University Press, 1992, p.111.

[2] William Phillips [Wallace Phelps], "Eliot Takes His Stand," *Partisan Review*, Vol.1, No.2 (April–May 1934): 52.

[3] James Gilbert, *Writers and Partisans: A History of Literary Radicalism in America*, New York: Columbia University Press, 1992, pp.173–174.

趣,也影响了他转向马克思主义。拉夫也很注重挖掘艾略特诗歌所隐含的时代精神。在拉夫看来,艾略特的矛盾并不在于其作品的晦涩难懂。艾略特只是经历了战后觉醒的整个复杂过程,即现代思想形成过程中精神方面和智识方面的所有折磨和徒劳无功,由此敏锐地以文学的方式触摸到了现代社会的种种问题。与此同时,艾略特又是与历史的步调不一致的,他没有意识到激进主义在文学中的真正价值。拉夫认为,像艾略特、乔伊斯这些曾经的先锋作家,其作品中所表现出的对中产阶级生活的拒斥,尽管也激发了社会反思,但是没能跳出消极论的牢笼而对资本主义社会作出批判;激进主义文学则更好地思考了资本主义社会存在的问题,主张建立一个新的社会,并在这一点上超越了以往的文学。[1]拉夫称赞一些新近的小说家既避免了公式化的激进主义意识,又避免了拒绝文学传统的错误。[2]对于美国文化复兴和新文学运动胜利的信念,促使拉夫相信,保持文学的激进主义性质与保持文学传统是可以共存的。

---

[1] Philip Rahv, "How the Waste Land Became a Flower Garden," *Partisan Review*, Vol.1, No.4 (September–October 1934): 37–42.

[2] Philip Rahv, "The Novelist as Partisan," *Partisan Review*, Vol.1, No.2 (April–May 1934): 52.

作为主体的建构
纽约学派文化批评研究(1937—1952)

艾略特以强调经典和传统著称,他始终不愿意自己被归入现代主义诗人的行列。他在继承传统上的强烈的历史感,为纽约批评家所认同。艾略特认为,"如果传统的方式仅限于追随前一代,或仅限于盲目地或胆怯地墨守前一代成功的地方,'传统'自然是不足称道了",但是传统的意义广大得多,需要努力地探求才能获得。传统所含有的历史意识,"不仅要理解过去的过去性,而且还要理解过去的现存性";传统的这种历史意识,不仅要求文学创作结合作家所处的时代背景,并与荷马以来的整个欧洲文学和自己国家的整个文学组成一个同时共存的局面,而且要求文学批评把作家放在前人之间来加以裁判,这样的批评原则既是"历史的"又是"美学的"。[1]因此,就个人与传统的关系而言,传统是一种同时共存的理想秩序,这种秩序会由于新作品的加入而发生变化。任何文学作品都会融入过去与现在的系统,必然对过去和现在的互文本发生作用。在此前提下,它的意义也须依据它与整个现存秩序的关系加以评价。[2]也就是说,现代并不意味着反传

---

[1] [英] T. S. 艾略特:《传统与个人才能》(1917),卞之琳译,载赵毅衡编选《"新批评"文集》,百花文艺出版社,2001年,第28—29页。

[2] 陈永国:《理论的逃逸》,北京大学出版社,2008年,第29页。

统，而是为传统增添了新的内容；现代也不意味着否定经典，因为否定经典就丧失了历史意识，没有了延续性的传统与现代都是苍白无力的。

当纽约批评家看向过去的文学时，除了艾略特之外，亨利·詹姆斯（Henry James）也唤起了他们很大的兴趣。詹姆斯也具有多方面的重要意义——他是欧洲化的美国人，是对于欧美文化和心理的细微差别非常敏锐的小说家，这就又为欧洲文化与美国文化架起了一座桥梁。更重要的是，詹姆斯代表了与20世纪先锋艺术密切相关的美国传统。威尔逊把詹姆斯和爱伦·坡、霍桑、梅尔维尔、惠特曼、马克·吐温等美国作家放在一起，称他们是"最熟悉的陌生人"，强调他们都提供了一种新的与众不同的文学表达，而这种表达恰恰呈现了美国文学逐渐摆脱对欧洲传统的依附，不断形成美国传统，以及不断凸显美国个性的过程。威尔逊就是在《最熟悉的陌生人》（1943）这部文集中，以作家互评的方式，叙述了从19世纪中叶美国文学初创到20世纪20年代美国文学第二次复兴期间的半个多世纪的美国文学发展史。在威尔逊看来，"这本书不是批评文集，而是文学文献集。它尝试呈现美国文学的发展历程，而这个历程是由参与其中的那些人创造并记

作为主体的建构

纽约学派文化批评研究（1937—1952）

录下来的"。① 这部文献集提示了这些作家追寻创作自由和自我独立的悸动，他们从初露锋芒时遭遇排斥到成长为举世公认的文学巨匠，书写了美国文学逐渐寻找并确立自己独特的文学个性和表达方式的历史。

与纽约学派一样，新批评也找到艾略特作为自己的理论资源，其文本中心形式主义就是以艾略特的非个性论作为理论基石的，比如兰色姆的本体论批评就显然指向了这个方向。艾略特认为，"一个艺术家的前进意味着不断地牺牲自己，不断地消灭自己的个性"，由此来看，"诗不是放纵感情，而是逃避感情，不是表现个性，而是逃避个性。自然，只有有个性和感情的人才会知道要逃避这种东西是什么意义"。他承认诗歌和其他艺术形式一样是表达情感的，但诗歌表达的不是诗人的个人情感，而是"许多经验的集中，集中后所发生的新东西"。所以，从根本上说，诗不是感情，其价值不在于感情的伟大与强烈，而在于艺术过程的强烈。诗人没有什么个性可以表现，只是运用种种意想不到的方式来使种种印象和经验相互结

---

① Edmund Wilson, *The Shock of Recognition: The Development of Literature in the United States Recorded by the Men Who Made It*, New York: Doubleday, Doran and Company, Inc., 1943, p.vii.

第三章 文学是对人生的批评

合。"诚实的批评和敏感的鉴赏,并不注意诗人,而注意诗。"[1]也就是说,艾略特的非个性论切断了作家与作品的联系,要求诗歌批评将注意力从诗人转向了诗,集中在作品本身。这种思想倾向对新批评影响深远,使其保持了与传统批评从社会历史、道德、心理方面或者从作家个人方面分析作品截然不同的面貌。艾略特甚至因此被视作英美新批评派的创始人之一,而新批评的兴盛也反过来提升了艾略特的影响和地位。但是,必须指出的是,艾略特并没有从非个性论出发把诗歌看成是一种可有可无的装饰品,而是强调诗歌应当面对社会,唤起公众与诗人的共鸣,鼓励公众的积极参与,提高公众的欣赏情趣,振兴民族文化。

如果从新批评的文学自主理论出发,任何文学作品在严格意义上都不能与其他作品对话,也不能与其他非文学文本对话。这样,不仅排除了文学与社会、政治的关系,而且否定了通常意义上文学演变的历史传统的存在和文学创作的个人特色的存在,亦即"泯灭个性,企图在

---

[1] [英]T. S.艾略特:《传统与个人才能》(1917),卞之琳译,载赵毅衡编选《"新批评"文集》,百花文艺出版社,2001年,第31—35页。

作为主体的建构
纽约学派文化批评研究（1937—1952）

文本的艺术形式中得到理性与感性平衡的秩序"[1]。尽管宣称与政治和历史割裂的新批评事实上也为美国文学的民族特色作出了贡献，即通过学院教育广泛传播新批评的文学研究方法，为将美国文学建构为一门独立的研究学科奠定了基础，但是美国新批评派从总体上不信任文学的民族主义，而是相信"一部伟大的文学作品的自主性要求超越民族性，因为民族性是诗结构之外的因素"[2]。所以，美国新批评派一直是浪漫主义和自然主义的反对者，对由于现代科技的侵扰而造成的作家权威和影响的削弱深感不安。可是，他们并不批判现代文学，而是欣赏现代文学。一方面，力求理解和引导读者理解现代文学中最美好的东西；另一方面，这种理解囿于"发现或创造了一个他们能够在其中生活和奔忙的世界，而对美国或者世界所发生的种种事态则可以不予理会"的境地中。这样，美国新批评派就"与他们所讨论的文学作品的社会内容割断了联系"。[3]

威尔逊却为纽约学派的文化批评定下了另一种基调，

---

[1] 赵毅衡：《重访新批评》，百花文艺出版社，2009年，第178页。
[2] ［美］萨克文·伯科维奇主编：《剑桥美国文学史（第八卷）·诗歌和文学批评：1940年—1995年》，杨仁敬、詹树魁、蔡春露、甘文平主译，中央编译出版社，2008年，第294页。
[3] ［美］威勒德·索普：《二十世纪美国文学》，濮阳翔、李成秀译，北京师范大学出版社，1984年，第321页。

第三章 文学是对人生的批评

即毫不畏惧地面对现代社会，运用多种理论和方法表明对现代文学的丰富性和正确性的坚定信念。普鲁斯特、叶芝、乔伊斯、艾略特之所以能够取得崇高的文学声望，海明威、马尔罗、多斯·帕索斯、亨利·米勒、约翰·奥哈拉的早期作品之所以能够获得批评界的认可，在一定程度上应该归功于威尔逊对他们作品的详细阐释。在这一阐释的过程中，美国文学的现代主义传统日渐生成。菲利普斯早期的《三代人》（1934）一文，尝试历时性地概括美国现代文学发展的性质和方向。他提出，20世纪10、20、30年代的这三代美国文学家，形成了一种辩证的模式，即前两代人提供了对立的倾向，而最年轻的一代对此进行了综合，把文学提升到新的高度，成熟的美国文学与成熟的美国文化携手出现了。第一代作为"社会学的一代"（sociological generation），扎根于乡村美国的赤裸裸的现实，信奉自然主义，但远远落在欧洲文学的后面；第二代作为"失去的一代"（lost generation），摆脱了美国土壤的束缚，发展出一种更老练、更文雅、更敏锐的文学，与欧洲文学在同一水平上发展，文学批评也更加精微、更有见地；第三代则是"无产阶级的一代"（proletarian generation），经历了美国地方主义和流亡者的世界主义

作为主体的建构

纽约学派文化批评研究（1937—1952）

的辩证交互，走向了知识分子的开放和激进的综合。第三代文学家吸收了20世纪10年代的美国本土观念，汲取了20年代的现代主义经验，采纳了30年代大萧条时期的马克思主义，以旺盛的热情推动激进主义文学前行。[①]马克思主义文学批评，既是帮助知识分子理解和保存优秀文学传统的手段，也是创建一种伟大的新文学的基础的手段。这正是纽约学派所处的时代。

"美国文学传统"这个说法并非指向一个凝定的整体，它不仅是由批评家和读者建构起来的，而且是他们之间冲突与辩论的产物，其组成部分也随着他们之间的各种分歧不断地被改变或重新界定。当然，这种演变也不是全无踪迹可寻，其中还是有些稳定的因素在内的。库内就指出，菲利普斯和拉夫1937年提出的美国文学的"欧化"，只不过是对菲利普斯1934年颂扬的"世界化"的一种更新。其目的不是为了模仿欧洲文学并成为它的一个部分，而是为了给美国文学带来新的融合，通过美国文学保持其特质的同时加强其国际化和世界化来拓展美国文化。

纽约学派所倡导的现代主义、激进主义，都有着厚

[①] William Phillips [Wallace Phelps], "Three Generations," *Partisan Review*, Vol.1, No.4 (September–October 1934): 49–54.

第三章　文学是对人生的批评

重的传统脉络。现代主义思潮及文学无疑源自欧洲，激进主义思潮及文学则深深扎根于美国的土壤，二者都不是全新的文学走向。大卫·明特在《美国小说的文化史》(1966) 一书中，就将激进主义称作"美国的本土传统"。[1] 纽约学派的创造性在于努力将二者融合起来。20世纪20年代的现代主义文学运动无法满足作家自己的精神需求，他们在抛弃传统之后陷入了一片迷惘。30年代的激进主义文学运动给予他们以精神依托，马克思主义成为他们可以接受的思想模式。在纽约批评家看来，尊重文学传统，意味着保留了人类的文化成果作为文学的价值观背景。这不仅与马克思主义广泛的人文主义视野有着亲和关系，也是20世纪20年代以来日渐浓厚的探讨美国特性的学术氛围影响所致。纽约学派的文化激进主义的想象就是"知识分子和艺术家，将英勇而坚决地领导一次文化革命以开创一个新的美国时代，民族经验的特有品质将养育一种文学超越老化了的欧洲的最优秀成果"[2]。

《党派评论》1934—1937年从创刊到停刊再到复刊，

---

[1] David Minton, *A Cultural History of the American Novel*, Cambridge: Cambridge University Press, 1966, p.181.

[2] Terry A. Cooney, *The Rise of the New York Intellectuals: Partisan Review and Its Circle, 1934–1945*, Madison: The University of Wisconsin Press, 1986, pp.93–94.

作为主体的建构
纽约学派文化批评研究（1937—1952）

即"从偏重思想意识形态转到偏重美学价值"的过程，"兼有文化和政治的双重性质"，可以当作20世纪30年代美国左翼文学运动的一部缩微史稿来阅读。[①] 19世纪晚期的维多利亚社会主义运动、一战前格林威治村的激进主义运动、20世纪20年代的知识分子流亡运动、30年代大萧条初期的共产主义运动，都在《党派评论》的血脉中流动。可以说，《党派评论》不仅是激进主义传统的现实反映，也是激进主义历史的有机组成部分。

弗雷德里克·克鲁斯提出，《党派评论》不仅拥有自己的风格，即涉猎广泛、尖锐、自信，而且拥有自己的世界观——"它是种种态度和立场的复杂综合体，来自美国左翼的溃败，来自这个号称纽约大家庭的群体内部分裂和同化冲动的共存，来自拉夫这个据说是《党派评论》巅峰时期的'统治者'的个性。"克鲁斯认为，拉夫反对狭隘的本土主义，赞赏现代主义，质疑学院体制及其理想主义的精神传承，始终无法忘怀斯大林的背叛，支持心理分析成为令乐观主义者和文学教授心烦意乱的真理的载体，渴望争论并时刻注意需要谴责的新动向，对待众所周知的作

[①] [美]埃默里·埃利奥特主编：《哥伦比亚美国文学史》，朱通伯等译，四川辞书出版社，1994年，第615—616页。

家和话题就仿佛从未有人讨论过或从未充分讨论过一样。最重要的是，拉夫在他自己的批评文章中所尽力做的事情，就是他和菲利普斯作为《党派评论》的编辑正在一起做的事情，即把"社会政治的自觉和伟大文学的敏锐感受融为一体"。拉夫成为《党派评论》事业的缩影。纽约学派的文化批评只是除去了文学分析的党派倾向，并没有完全除去它的激进目的。[①]

作家及其作品与社会需要之间的关系、哪种传统与激进主义文学紧密相关，以及如何看待20世纪文学在即将到来的文化复兴中的位置，是美国文学批评界在20世纪30年代迫切需要解决的问题。威尔逊的《阿克瑟尔的城堡》（1931）通过引介、评价一些尚未有定论的经典，在对象征主义的精辟分析中把文学运动的变迁与文化、经济的历史演进联系起来，重估20世纪20年代的一些文学构想，阐明激进主义思想在30年代的重要价值。威尔逊还极具说服力地指出，激进主义者正在呼吁一个比无产阶级文学更广大的新文学运动的出现。《党派评论》1936年发表了一组专题《什么是美国精神？》(*What is*

[①] Frederick Crews, "The Partisan," *The New York Review of Books*, Vol.18 No.25 (November 23, 1978): 6.

作为主体的建构

纽约学派文化批评研究（1937—1952）

Americanism?），集中讨论了美国传统与马克思主义和激进主义文学的关系。这个专题提出了一系列的问题，比如，革命文学是反映并融会了美国精神，还是与之相冲突？如果这种冲突存在，是革命作家的失败，还是革命文学创作的前提阻止了二者的融合？[1] 这些问题的提出，显然暗示革命文学没有成功地融合马克思主义和美国精神。纽约批评家对美国文学复兴成果从一度乐观转为质疑，确信这场运动已经由于过度的政治控制走向了极端，于是，他们尝试把马克思主义和美国激进传统结合起来，使之更适合美国的现实需要。

纽约学派即使在对激进主义文学的强调中，也没有抹杀个人创造力的价值。他们把文学家个人才能的高低看成判断文学作品优劣的一个不可削减的标准：

> 意识形态所能做的全部事情，是帮助点燃经验的领域，但它不能赋予你观察的眼睛。个人才能与意识形态的最有益的互动，（才赋予了你眼睛，）才发展出一种伟大的文学。[2]

---

[1] "What is Americanism," *Partisan Review and Anvil*, Vol.3, No.3 (April, 1936): 3.

[2] "Criticism," *Partisan Review*, Vol.2, No.7 (April–May 1935): 21–22.

第三章 文学是对人生的批评

个人才能与意识形态的这种互动,就是文学批评的用武之地。库内认为,纽约学派的马克思主义,不仅为激进主义文学和批评提供了系统的哲学支撑,而且为文学的特质保留了充足的空间。[1]卡津《现代美国文艺思潮》(1942)的主旨就是强调美国现代文学的个性。卡津在书中扎根于美国本土的社会文化,勾勒出了美国现代文学的发展脉络,试图理清美国现代文学与欧洲传统和美国现代生活的种种关系,重新发现具有美国文明特点的价值与形象,努力确立一个独立的美国文化传统。这种美国传统的确立,在当时就意味着独立的美国文学个性的形成。19世纪90年代,美国现实主义已经初露端倪,豪威尔斯(William Dean Howells)首开美国现代文学的先河。虽然受到欧洲现实主义的影响,美国现实主义还是呈现出美国本土的特色——作品内容上反映了内战后整整一代人的幻灭感和疏离感,表达了平民主义思想和对个人自由的追求;艺术上简单直白,乡土气息浓郁。正是这种与社会的疏离感,标志了美国现代精神的开始。[2]

---

[1] Terry A. Cooney, *The Rise of the New York Intellectuals: Partisan Review and Its Circle, 1934–1945*, Madison: The University of Wisconsin Press, 1986, p.57.

[2] [美] A.卡静,《现代美国文艺思潮》,冯亦代译,晨光出版公司,1949年,第26页。

作为主体的建构

纽约学派文化批评研究（1937—1952）

　　威尔逊在《阿克瑟尔的城堡》（1931）一书中已经开始强调"文学个性"问题。这本著作准确地抓住了知识分子感到自己正从一个文化时代过渡到另一个文化时代的精神状态。威尔逊注意到，这些象征主义作家在风格、意象和文体方面所进行的积极的革新，充分彰显出了作家独有的文学个性。他们沉溺于艺术自身，无意去复制社会生活的结构，或者给读者提供道义上的指导。他们以扩大诗歌想象力的名义，把浪漫主义思潮对社会的拒斥推向了危险的顶峰，并且以对主观世界和个人经验的褒奖来漠视读者，蓄意避免介入时代生活。他们切断了文学与社会、文学与读者的关联，使文学封闭在自己的世界里。这种退入"白色象牙塔"的做法导致了普遍的文化枯竭——要么走阿克瑟尔的道路，"退出生活的场域"，"把自己关在私人的世界里，培养一己的幻想，鼓励一己的疯狂，宁肯相信自己最荒诞不经的选择而不取外在世界惊人的现实"；要么与兰波一起"避走到另一种纯粹是以行动自决的原始文明生活里去"，以单纯的求生紧迫感替代了对艺术的需要。[①]然而，由于美国社会的现实迫使这些象征主义作家

[①] ［美］埃德蒙·威尔逊：《阿克瑟尔的城堡：1870年至1930年的想象文学研究》，黄念欣译，江苏教育出版社，2006年，第190、201、204页。

第三章 文学是对人生的批评

越来越陷入权力和政治的旋涡，美国作家不可能再以他们为楷模。威尔逊参加过20世纪20年代美国文学界的各种运动，常常为美国作家对传统的美国生活的疏离感困扰。在威尔逊看来，作家既不能脱离现实生活，也不能成为政治观念的传声筒；文学作品真正的精髓就在于作家完整的文学个性，而象征主义在这方面具有无可比拟的优越性。所以，威尔逊希望，美国作家继承象征主义凸现文学个性的艺术技巧和价值观念，创建一种结合象征主义和自然主义、艺术精神和社会觉悟，以及个人感觉和公众经验的美国文学。

威尔逊的批评文集《承认的冲击》(*The Shock of Recognition: The Development of Literature in the United States Recorded by the Men Who Made It*，1943）在作家"互评"的语境中讨论了美国本土文学自开创以来所经历的文化冲突和困惑，如欧陆传统与本土创新、文雅与粗俗等，恰如其分地表征了威尔逊的文学批评观，即他在自己的第一部作品《阿克瑟尔的城堡》扉页献词中所写的："文学批评是观察人类意念与想象如何被环境塑造的一种历史。"正如威尔逊在《文学老师克里斯蒂安·高斯》一文中所强调的，高斯的教诲让他逐渐形成了这样的认识，即"语言和

作为主体的建构

纽约学派文化批评研究（1937—1952）

文学代表着人类从未间断地获取思想的斗争过程，这些思想一旦付诸行动就会渐进地构成文明的进步"。[1]美国文明和美国文化的历史、现在与未来，从来都是威尔逊的人文主义文学批评所关注的核心问题。

拉夫的著名文章《苍白脸和红皮肤》（1939）从另一个角度呼应并延伸了威尔逊的观点。他简明地概括了美国文学的两大文化传统，从社会学角度看，苍白脸是贵族的，"高格调"的；红皮肤是平民的，"低格调"的，并且为它的美国特性自豪；从它们的美学理想看，苍白脸对寓意和象征主义的提炼方法感兴趣，红皮肤则倾向于一种粗俗而为所欲为的自然主义。这两种类型都把经验作为最高的审判者，分别以亨利·詹姆斯和华尔特·惠特曼为代表。[2]尤为值得注意的是，惠特曼表面上看似低俗的文化趣味，其深层的诉求却是探寻美国个性。在《美国写作中的经验崇拜》（1940）一文中，拉夫发展和修正了这一思想。拉夫反观20世纪30年代的激进文学，认为那些作

---

[1] Edmund Wilson, "Christian Gauss," in *The Edmund Wilson Reader*, Lewis M. Dabney ed., Da Capo Press, 1997, p.60.

[2]［美］腓·拉甫：《苍白脸和红皮肤》，赵萝蕤译，《美国文学丛刊》1981年第2期。这篇文章选译自菲利普·拉夫《形象与观念》（*Image and Idea: Fourteen Essays on Literary Themes*, 1949）一书。

品往往是缺乏深度的个人经验和人生片段。作家不善于在历史的层面上体验人生，没有把人生注入文学，其作品通常思想褊狭和缺乏洞察力。而一个真正民族性的经验主题应该能够弥补"苍白脸"与"红皮肤"这两种传统之间的隔阂。詹姆斯和惠特曼作为这两大脉络在美国现代的真正开先河者，其历史价值是相互联系地反映于推翻赤裸裸讲究功利的清教徒准则的根本大业之中的。[1]但是，拉夫预言，这种经验崇拜所造成的内外人生的分离即将结束，美国知识分子的国际视野必将弥补这道鸿沟并开始主导美国文化。美国现代文学必将融合"苍白脸"和"红皮肤"这两大文化传统而走向成熟。

费德勒直到20世纪50年代仍然强调："美国艺术家的欧洲朝圣之旅的结果，就是发现了美国。"[2]之后，卡津在《美国的进程：1830—1930的重要美国作家》(*An American Procession*, 1984) 一书中，再次追溯了1830—1930百年间美国文学的发展，充分揭示了美国文学传统

---

[1] Philip Rahv, "The Cult of Experience in American Writing", in *Essays on Literature and Politics, 1932–1972*, Arabel J. Porter & J. Dvosin eds., Boston: Houghton Mifflin, 1978, pp.10, 14.

[2] "Our Country and Our Culture," *Partisan Review*, Vol.19, No.3 (May–June 1952): 294.

与文学个性之间的相生互动。

四、形式与人生

面对内容与形式的关系这一文学基本问题，新批评派宣称，形式比内容重要，甚至认为由形式产生了内容。他们主张文学的形式自足论，排斥非艺术的批评标准。20世纪40—60年代，美国新批评派内部最激烈的论争在兰色姆的"构架—肌质无关"论与维姆萨特的"具体共相"论之间展开，就是与他们对形式的认识直接相关。维姆萨特批评兰色姆的内容—形式二元分立的观点，认为其实质就是一种机械论，就是把形式只当作装饰物的传统理论的变体。韦勒克对维姆萨特这个观点表示赞同。兰色姆连续撰文予以反驳，坚持不能把本来与构架无关的肌质纳入同一个逻辑统一体中。尽管双方各执一词，但其目的都是要提升形式的重要性。这次论争持续得如此之久，又是发生在美国新批评派两位重量级理论家之间，特别凸显了"形式"这一范畴在新批评理论体系和批评实践中的核心地位。布鲁克斯甚至期望出现一种新的文学史，认为这种"真正的文学的历史""应该能够比过去的文学史更加贴切地解决文学结构和模式的问题"。①

卡津在《现代美国文艺思潮》(1942)中明确反对庸俗马克思主义批评把文学当作政治作用的一种之后,紧接着就表示也反对形式主义批评把文学研究当作"少数有光芒却范围狭小的心灵底财产"。美国新批评派局限于评判诗歌的形式因素,其形式拜物教夸大了形式在文学诸因素中的重要性,伟大的艺术家在他们笔下变成了仅仅是技术大师。这种美学崇拜实际上是对于社会的"一种精美而勇敢的失望","形式成了一个没有秩序的世界中的秩序之象征"。虽然卡津认为新批评的专心于文本和尊重形式把艺术的感性和秩序结合在一起,也与纽约学派一样是扎根于对资本主义及其文化的反动,而且对于批评家而言,这种文学观念比起马克思主义更具有理论上的魅力、更具有职业性的威信,但是卡津也犀利地指出,新批评所带来的退隐精神,直接导致的就是文学与人生、批评与人生的脱离。可以说,新批评高傲的孤芳自赏、专心于文本分析,"把文学驱到了人类生活的寒冷而缺少空气底一个角隅

---

① [美]克林斯·布鲁克斯:《批评、历史和批评相对主义》,郭乙瑶译,载《精致的瓮——诗歌结构研究》,郭乙瑶、王楠、姜小卫等译,上海人民出版社,2008年,第218页。

作为主体的建构
纽约学派文化批评研究（1937—1952）

中"。① 这是纽约批评家所最不能容忍的。菲利普斯甚至坚持认为，新批评不能提供判断诗歌好坏的手段，他们所描述的诗歌本质不能成为诗歌评判的基础——"当一些新批评家确实相信最好的诗是那些充满了大量的悖论、反讽和含混的诗，这一方法就不仅是任意的、反复套用的，而且问题重重。"②

在讨论具体的文学作品时，纽约批评家所努力保持的是对形式的文学考虑和对内容的社会关注之间的平衡。他们对陀思妥耶夫斯基、海明威、托马斯·曼等人的评价表明，这种努力产生了一个统一而有力的批评视角，为那些人们所熟悉的文学文本提供了新的解读。威尔逊的《阿克瑟尔的城堡》（1931）评论现代主义文学作品，既考虑其形成时的社会背景，尤其是思想传统和文学传统，又不忽视对其文学文本的细读。其中，威尔逊谈到，叶芝的诗歌面对了人生的种种艰难处境，普鲁斯特《追忆逝水年华》（*A la recherche du temps perdu*，1913—1927）呈现出交响曲般的卓越技巧，乔伊斯《尤利西斯》的艺术手法

---

① ［美］A. 卡静：《现代美国文艺思潮》，冯亦代译，晨光出版公司，1949年，第550—551、557、566页。

② "The Statement of Criticism: New Criticism to Structuralism," *Partisan Review*, Vol.47, No.3 (Autumn 1980): 376.

充分展示了人物的内心世界,而艾略特的诗歌被威尔逊放到了法国象征主义、17世纪英国玄学派诗歌和美国清教传统的复杂背景中加以讨论。拉夫在陀思妥耶夫斯基的小说《白痴》(*The Possessed*,1868)中发现人物有两套性格:庄严神圣与亵渎神灵、形而上学与经验主义。陀思妥耶夫斯基对人物性格内在矛盾的呈现也是在宗教信仰和离经叛道之间不断摇摆的。因为陀思妥耶夫斯基虽然渴望在宗教信仰方面达到内心的平静,但受到通过实践来验证理论的冲动的驱使,他所内在的异端的、社会的哲学家的一面终究无法被淹没。不过,小说本身还是保持了一种值得赞赏的伟大的平衡。[1]而拉夫通过对小说的形式分析要证明的正是,一位伟大的作家能够超越他主观上愿意服从的信念,洞察并呈现出他自己对于人生的更加均衡的观点。

就文学的社会关注本身而言,纽约学派也提倡客观公允地全面反映人类生活。海明威曾经遭到纽约批评家的指责,就是认为他只执于人生的一端,即在表现出政治上的疏离的同时,海明威无法跨越政治上无知的障碍。托马斯·曼的执于一端同样与纽约学派的文学理想背道而驰,

---

[1] Philip Rahv, "Dostoevsky and Politics: Notes on 'The Possessed'," *Partisan Review*, Vol.5, No.2 (July 1938): 25–36.

作为主体的建构
纽约学派文化批评研究（1937—1952）

并且在纽约批评家内部引发了更加广泛深入的讨论。托马斯·曼把作家置于社会的对立面，把文学当成一种疾患，认为不安和不满充斥着人类的精神世界。按照这样的想法，菲利普斯指出，作家实现价值的希望将十分渺茫。[①]威尔逊在《创伤与神弓》（1941）一书中也集中探讨了文学与疾患的关系，但是他强调文学是对疾患的呈现与化解。这与托马斯·曼的观点并不相同。尽管如此，特里林还是在《艺术与神经官能症》（1945）一文中明确表示不赞同威尔逊的观点，提出文学应该是健康的产物，而疾患虽然会对作家的文学个性产生影响，却并非其艺术才能的根源。

菲利普斯也反对关于人类自身及其潜能的消极的观点，暗示文学出自健康的感知和社会本能，捍卫知识分子政治关怀和理性思考的重要性。可以说，菲利普斯对托马斯·曼的局限性和片面性的批评，代表了他对现代主义文学总的观点，即现代主义捍卫着没有历史的道德、没有科学的艺术、没有政治的文化，于是，文学作品就只能表现一种个人良心上的痛苦，把人类精神世界现在的进退两难

[①] William Phillips, "Thomas Mann: Humanism in Exile," *Partisan Review*, Vol.4, No.6 (May 1938): 10.

第三章　文学是对人生的批评

当成人类永恒的境遇、当成人类生存世界的永恒悲剧的症候。麦克唐纳也同意托马斯·曼这位伟大的现代主义文学家是"不完整的",因为他没能展示出对政治和社会问题的充分把握。哈罗德·罗森堡虽然赞赏托马斯·曼对现代社会生活特有的洞察力,但却拒绝全盘接受他的观点。比如,托马斯·曼相信在类比中能够发现走向更高的统一的关键。对此,罗森堡认为,类比法强调迥然不同的事物之间的相似性,更甚于强调科学的步骤和规律,其局限性在于具有诗歌的隐喻性观察的不稳定性与不连续性,会时而照亮事物之间的关联,时而又遮蔽它们;马克思主义却既有清晰的价值观和原则,又能为感受独特的作品、思想和事件提供灵活的方法,因此,能够对文学乃至政治提供明确的判断。

即使同样是分析诗歌,纽约学派与美国新批评派的用意也有很大的不同。拉夫呼吁,激进文学要采用更丰富、更不受限制的方法。他强调指出:

> 我们的诗人不能重新采取维多利亚诗句那种索然乏味的崇高庄严,也不能回到过去宗派色彩的那种打油诗的粗陋无章法。这两者都必然不会装入马

作为主体的建构
纽约学派文化批评研究（1937—1952）

> 克思那戴着钢铁头盔的巨大头颅中。多样性和综合性——是的，确切地说——即将重建的我们的哲学和我们的经验的多样性和综合性，必须要求一种多样的、综合的作诗法。[1]

拉夫认为，只有这样，激进文学才能走向成熟的美国文学之路。这里所表达的对于文学的期望表明，拉夫是有针对性地把马克思主义辩证统一的原则运用到了文学批评领域，尤其是当具体联系到美国新批评派所推崇的诗歌体裁时。

1930—1955年，恰好是艾米莉·狄金森的诗歌得到了广泛赞赏而转入阐释性批评的阶段。新批评也提出"诗歌并不是与普通生活相分离的，诗歌所关心的问题正是普通人所关心的问题"[2]，但美国新批评派并没有对狄金森这位诗人作一个整体评价，而是对她的单篇诗作进行了细致的解读。他们摒弃了狄金森的生平，专注于其诗歌中的巧智、张力、隐喻、含混等，从而看到了狄金森与欧洲玄学

---

[1] Philip Rahv, "A Season in Heaven," *Partisan Review and Anvil*, Vol.3, No.5 (June 1936): 14.

[2] Cleanth Brooks and Robert Penn Warren, *Understanding Poetry*, Beijing: Foreign Language Teaching and Research Press, 2004, pp.8-9.

派和神秘主义的联系，牢固地树立了她作为机智的玄学诗人和神秘主义诗人的地位。艾伦·塔特在《新英格兰文化和艾米莉·狄金森》（1932）一文中，首次指出狄金森的诗歌具有"把思想和感觉混淆了起来"的艺术特色，从而使狄金森成为美国新批评派在诗歌批评中的范例。尽管塔特也强调诗人所处时代的文化背景对诗歌创作的明显影响，但还是将其落实到语言分析层面，即狄金森用由拉丁语或希腊语衍变而来的外来词表达抽象的思想概念，用萨克逊词描绘具体的感受，二者在句中的共存恰到好处地呈现了英语语言的特点。[1] 蔡斯在《艾米莉·狄金森》（1951）一书中，虽然也注意到诗歌语言风格的鲜明，却将其归结为具有美国诗歌的典型特征，是对新英格兰清教主义最后的也是最精妙的诠释。蔡斯重点分析的还是狄金森诗歌的主题，认为这些主题都源自诗人难忘的个人经历，也就因此特别关注诗人的生平。[2] 卡津也对狄金森的诗歌进行了研究，在《美国的进程：1830—1930的重要美国作家》（1984）中称她是"走出新英格兰的第一

---

[1] Allen Tate, "New England Culture and Emily Dickinson," *Symposium*, Vol.3, No.2 (April 1932): 206–226.

[2] Richard Chase, *Emily Dickinson*, New York: Dell, 1951.

作为主体的建构
纽约学派文化批评研究（1937—1952）

位现代作家"①，这一评价奠定了狄金森经典作家的地位。

尽管韦勒克有意把特里林拉入美国新批评派的阵营，却也无奈地承认特里林与他们有着本质的不同。特里林很少谈论诗歌，而且只提到有限的现代诗人，关心他们的文化态度甚于诗句本身。特里林确实采用了新批评的细读方法，也对诗歌进行过形式主义分析。因为在他看来，文学批评的方法可以是多元的，只要有助于分析文学作品都可以采用——马克思主义是一种方法，精神分析是一种方法，新批评的文本细读也是一种方法。虽然对特里林而言，任何一种方法都不是唯一的，也不是至高无上的，但他最终还是着眼于人生。

在其经典文章《不朽性之颂歌》（1941）中，特里林针对前人关于华兹华斯的名作《颂歌：不朽性之启示》的评价进行了系统反驳，提出不能简单和机械地把《颂歌》视为"挽歌"。他认为，就诗歌创作而言，诗人所依赖的"诗艺才能"（poetic faculty）固然重要，但能否写出好诗，并不维系在某种特定的才思、特定的事件或特定的个人身上，似乎只要某个因素一旦丧失，诗就写不出来了；

---

① Alfred Kazin, *An American Procession, Part II*, New York: Alfred A. Knopf, Inc., 1984, p.7.

正相反，诗歌创作需要诗人的"整个心灵、整个人"。[1]特里林运用心理分析的方法，指出华兹华斯的颂诗反映了诗人对于自然界认识的变化，并且探讨了诗人关注的中心如何从自然转向了道德领域中的人，解释了诗人想象的微光是如何渐渐消逝在庸常的生活之光中的。华兹华斯通过对静默和舒缓的赞美和对现实整体的沉思，与现代主义者在精神领域进行着搏斗，并且构成了有价值的中和。华兹华斯所说的"生命的情感"（the sentiment of being）[2]远离运动和斗争，有益于平抑二战之后的自我危机。对特里林来说，这里讨论的不是诗歌，而是人生，即关于成长及其所带来的得与失。[3]

---

[1] Lionel Trilling, "The Immortality Ode," in *The Liberal Imagination: Essays on Literature and Society*, New York: Charles Scribner's Sons, 1976, pp.130–131.

[2] 特里林所说的"生命的情感"，取自华兹华斯的《序曲，或一位诗人心灵的成长》(*The Prelude, or Growth of a Poet's Mind*, 1850)，但他改变了华兹华斯的超自然主义立场，从而在自然主义的意义上使用了这一说法。作为一种情感力量的来源，"生命的情感"意味着对自我的连续性和实在性的基本确定，以及对自我能够在精神领域中充当疗救媒介的基本确定。

[3] Lionel Trilling, "The Immorality Ode," in *The Liberal Imagination: Essays on Literature and Society*, New York: Charles Scribner's Sons, 1976, pp.131, 137.

第四章　文学批评的职责

西方文学批评在20世纪获得了新的高度的自觉，形式主义、存在主义、结构主义、解构主义、接受理论、心理分析、马克思主义批评等种种思潮，无不以各自的方式观照着文学。20世纪被公认为是"批评的时代"。正如韦勒克所言：

> 十八、十九世纪曾被人们称作"批评的时代"，实际上，二十世纪才最有资格享有这一称号。在二十世纪，不仅有一股名副其实的批评的洪流向我们汹涌袭来，而且文学批评也已获得了一种新的自我意识，在公众心目中占有了比往昔高得多的地位。[1]

---

[1]［美］韦勒克：《批评的诸种概念》，丁泓、余徵译，四川文艺出版社，1988年，第326页。

第四章 文学批评的职责

美国作家和批评家兰德尔·贾雷尔（Randall Jarrell）认为，"批评的时代"确切地是指20世纪30—60年代这三十年。[①] 这恰恰就是作为一个批评家群体的纽约学派的鼎盛期。但是，关于文学批评究竟在社会生活中扮演着怎样的角色，却是一个很难一言以蔽之的问题。纽约批评家虽然都并不热衷于建构文学批评的理论体系，甚至有意回避理论建构，但他们对文学批评所应承担的职责却表现出普遍的关注。

特里·库内曾经给美国的文化批评传统梳理了一条近代脉络，即20世纪10年代的布鲁克斯（Van Wyck Brooks）和伯纳、20年代的威尔逊、30年代的"纽约知识分子"。这条脉络虽然略显单薄，但却为纽约学派的文化批评提供了一个有说服力的历史来源。库内认为，尽管他们彼此之间存在着种种差异，文化高于一切的理念却沿着这一理论脉络贯穿始终。

纽约知识分子分享了创建一种成熟而深邃的美

[①] 转引自张箭飞《与现实交会……不止三十年：莱昂内尔·特里林的思想探戈》，载［美］莱昂内尔·特里林《文学体验导引》，余婉卉、张箭飞译，译林出版社，2011年，第1页。

作为主体的建构

纽约学派文化批评研究（1937—1952）

国文化的目标，能够像欧洲文化那样既保留文化传统的丰富性，又具有艺术变革的清新气息。[①]

就纽约学派的文学批评倾向而言，"文化高于一切"这一理念的传承显然占据了上风。在纽约批评家看来，文学批评不仅仅是对已有的文学现象的言说，它还承载了相关的文学理论、政治诉求、伦理规范和宗教哲学等思想，更重要的是，承载了重大的文化使命。纽约学派努力让批评与文学平起平坐，而不只是为文学服务的工具。文学批评应该是批评家与作家、作品一起进行的精神创造活动，既是对文学创作的尊重、理解、知之深并使之对象化，又是充满论辩色彩的介入人生的对话。正是在这种理解和论辩中，纽约批评家要引导公众，而不是代表公众。他们有着明确的使命感，即树立美国文学自己的现代传统。对纽约批评家来说，文学批评理应成为文学运动的先导；文学批评最重要的作用不在于证明一种现存文学的合法性，而是探讨并推进一种未来文学的创造。

[①] Terry A. Cooney, *The Rise of the New York Intellectuals: Partisan Review and Its Circle, 1934–1945*, Madison: The University of Wisconsin Press, 1986, pp.25–26.

第四章 文学批评的职责

一、涅奥普托勒摩斯的隐喻

纽约批评家彼此之间在文学批评的观点上是有着具体差别的，然而，从20世纪30年代末期到50年代前期的近二十年间，这些批评家彼此以礼相待、开诚布公，共同构成了纽约学派这个批评家群体，共同承担着他们所认为的这一群体在批评界应该承担的职责。就美国新批评派的文学批评而言，批评似乎只是批评家们的技巧演练和智力游戏，批评似乎只是学院内的与公众无关的自言自语。这种文学批评过分倚重工具性的形式主义技术分析，忽略了文学的人文内涵。而就在新批评盛行于美国的同时，纽约学派的文学批评却透过充分感性化的理性思维，与批评对象达成高度的协调一致，并由此呈现了深厚的思想意蕴和巨大的人文魅力。纽约批评家一开始是大学体制外的文学编辑和自由撰稿人，对批评功能的认识是阿诺德式的，即坚持批评要关注社会现实，要指导人生，要追求建构一个新的精神秩序，这些原则与学院派批评家的立场有很大的不同。他们即使进入学院体制之后，其初期的报刊批评家经历也在本质上奠定了他们后来的立场取向。《党派评论》1937年复刊时所表明的立场，即"不束缚于一种指

作为主体的建构
纽约学派文化批评研究（1937—1952）

定的意识形态，也不束缚于一种指定的看法或技术"[1]，为纽约学派的批判性思考和观点的自由表达定下了基调，而且这一价值结构在纽约学派的整个发展历程中变化甚微。对此，菲利普斯直到 1980 年还在撰文继续强调：

> 批评家应该更关注变革文学而不是解释文学——也就是说，应该更关注文学价值观而不是解释学。[2]

从这一价值结构看，我们发现，威尔逊的批评思想中明显存在着一个"走出"（Exodus）的重要意象，即"从个人走向群体，从小圈子走向公众，从格林威治村走向美国的现实社会，从阿克瑟尔的城堡走向历史的大舞台"。[3] 威尔逊在《阿克瑟尔的城堡》（1931）一书中的系统论述表明，他既赞同布鲁克斯所强调的文学的社会兴趣，也赞同艾略特所宣扬的文学的美学关注，并且在寻求着二者相融

---

[1] "Editorial Statement (1937)," in *Partisan Review: The 50th Anniversary Edition*, William Phillips ed., New York: Stein and Day, 1985, p.13.

[2] "The Statement of Criticism: New Criticism to Structuralism," *Partisan Review*, Vol.47, No.3 (Autumn 1980): 383.

[3] 邵珊：《走向文明的批评：现实与诗性之间——论埃·威尔逊的批评观》，《南京师大学报（社会科学版）》2006 年第 6 期。

合的道路。但是，就文学批评家的社会定位而言，威尔逊更多地站在布鲁克斯一边，对文化和社会在文学批评中的重要地位一再地加以阐述，认为布鲁克斯的文学批评"徜徉在历史与现实之间，品评新锐作家并且把他们和新的历史经验联系在一起，开创了文学在社会和人性方面的维度，为文学的当代趣味建立了典范"①；对艾略特单纯强调文学的美学因素则进行了坦率的谴责，认为艾略特"使美学价值独立于其他所有价值"的观点绝对是非历史化的，是绝无可能的尝试。②

威尔逊早在《我想起戴丝》（1929）这部小说中就提到了菲罗克忒忒斯（Philoctetes）这位古希腊神话里的神弓手——他那可怕的伤口阻止他使用独一无二的技艺。③他后来在发表于《新共和》的《菲罗克忒忒斯：创伤与神弓》（1939）一文中，详细分析了索福克勒斯

---

① William Phillips, "The Wholeness of Literature," *American Mercury*, No.75 (November 1952): 107.
② ［美］埃德蒙·威尔逊：《阿克瑟尔的城堡：1870年至1930年的想象文学研究》，黄念欣译，江苏教育出版社，2006年，第89页。
③ Edmund Wilson, *I Thought of Daisy*, New York: C. Scribner's Sons, 1929. 威尔逊在写这部小说的同时也在写《阿克瑟尔的城堡》，而且发觉自己的天性似乎更适合从事文学批评。

作为主体的建构

纽约学派文化批评研究（1937—1952）

（Sophocles）的戏剧《菲罗克忒忒斯》①的寓意。威尔逊这篇文章使用了一个颇具象征性的标题——"创伤与神弓"，正是在这篇文章中，威尔逊提出，作为艺术家的索福克勒斯，就是一个在病痛困扰下失去理性而胡言乱语的菲罗克忒忒斯，②而涅奥普托勒摩斯则可以被理解为对批评家的隐喻，发挥着艺术家的同情者，以及艺术家个人和公众之间矛盾调停人的双重功能。尽管威尔逊并未明言对批评家的这一隐喻，但他在文章的最后总结道，涅奥普托勒摩斯"正是由于冒着危险认同菲罗克忒忒斯身上的普遍人性，拒绝违背自己的诺言，化解了菲罗克忒忒斯的怨恨，并因此治愈了菲罗克忒忒斯，使他获得自由，同时也就赢得了这场战争"③。利昂·埃代尔《埃德蒙·威尔逊画像》（1975）一文，也是巧妙地从"创伤"和"神弓"这两个方面入手对威尔逊进行了分析。威尔逊既是文学家，又是批评家，他对"创伤与神弓"的隐喻感同身受。利

---

① [古希腊] 索福克勒斯：《菲罗克忒忒斯》，张竹明译，载《古希腊悲剧喜剧全集》（第二卷），译林出版社，2007年，第613—716页。在该剧中，涅奥普托勒摩斯（Neoptolemus）是阿基琉斯（Achilles）的小儿子。

② Edmund Wilson, *The Wound and the Bow: Seven Studies in Literature*, New York: Farrar Straus Giroux, 1978, p.240.

③ Edmund Wilson, *The Wound and the Bow: Seven Studies in Literature*, New York: Farrar Straus Giroux, 1978, pp.241-242.

第四章 文学批评的职责

昂·埃代尔对威尔逊的分析也具有这种双重意蕴,正是他第一次充满洞见地指出了威尔逊对涅奥普托勒摩斯的认同:

> 就像菲罗克忒忒斯代表着原型艺术家一样,涅奥普托勒摩斯在这次重述中变成了一种原型批评家,他比起神弓手更加反映了埃德蒙·威尔逊的形象和天职。①

在索福克勒斯的戏剧作品中,菲罗克忒忒斯是特萨利亚地区一个城邦的国王或王子。他在远征特洛伊的途中被毒蛇咬伤,伤口发出恶臭,因疼痛难熬而不时呻吟,影响了祭神和军队休息,在整个军营里散发着不吉祥的兆头。希腊大军的两位统帅就命令奥德修斯(Odysseus)把他遗弃在利姆诺斯这个无人的荒岛上。他过了十年住山洞、喝泉水、射鸟兽的野人生活,忍受着病痛和饥饿的折磨,顽强地活了下来,表现出坚毅的英雄品格。到了战争

---

① Leon Edel, "A Portrait of Edmund Wilson," in Edmund Wilson, *The Twenties: From Notebooks and Diaries of the Period*, Leon Edel ed., New York: Farrar, Straus and Giroux, 1975, p.xli.

作为主体的建构

纽约学派文化批评研究（1937—1952）

后期，有预言说，如果没有菲罗克忒忒斯手中赫拉克勒斯（Heracles）的神弓，希腊人就不可能取得胜利。于是，在战争第十年，奥德修斯和涅奥普托勒摩斯奉命去把菲罗克忒忒斯接回军中。但是，菲罗克忒忒斯无法理解这样的人生，对希腊人充满了怨恨，希望他的仇人都遭到严厉的惩罚，甚至抱怨神明。因此，不论奥德修斯欺骗威胁，还是涅奥普托勒摩斯真诚劝说，菲罗克忒忒斯都宁愿失去神弓、饿死荒岛，也不肯归队。最后，赫拉克勒斯显灵规劝，菲罗克忒忒斯终于恢复了理智，认识到只有国家、民族胜利了，他才有个人的成功幸福，吃尽苦头才能享有光荣，于是心甘情愿地归队。赫拉克勒斯的显灵，实际上象征了菲罗克忒忒斯内心的一种变化。[1]

索福克勒斯当初的寓意，不管是对个人命运的自况，还是对亚西比德（Alcibiadēs）[2]的同情，威尔逊认为，《菲罗克忒忒斯》体现了一个更为普遍的根本观念，即出众的能力与残障形影不离。[3] 威尔逊还别有深意地提到安

---

[1] Edmund Wilson, *The Wound and the Bow: Seven Studies in Literature*, New York: Farrar, Straus and Giroux, 1978, p.232.

[2] 亚西比德，雅典政治家及将军，在伯罗奔尼撒战争（前431—前404）中因三易其主而使自己卓越的军事生涯毁于一旦。

[3] Edmund Wilson, *The Wound and the Bow: Seven Studies in Literature*, New York: Farrar Straus Giroux, 1978, p.235.

德鲁·纪德（André Gide）的同名戏剧《菲罗克忒忒斯》。在纪德的改写中，菲罗克忒忒斯的被放逐，被视作他能够完善自我，能够更好地了解人生奥秘的关键。[1]特里林虽然并不认为菲罗克忒忒斯的故事解释了艺术家力量的来源，却也承认这一"道德神话"（moral myth）隐喻了"我们在通常的事件中应有的正当行为"。[2]"创伤"与"神弓"分别代表了人类道德上的弱点与意志力，二者在这里呈现为一种并列关系，任何一方都无法完全排除另一方的存在。

另外，在古希腊神话中，只有涅奥普托勒摩斯带着父亲的盔甲、菲罗克忒忒斯带着神弓一起抗击特洛伊人，希腊人才能取得胜利。这是需要同时满足的两个条件。威尔逊基于此指出，与埃斯库罗斯（Aeschylus）、欧里庇得斯（Euripides）两位剧作家已有的改写不同，索福克勒斯在个人情感和国家义务的两极冲突之间引入了一个中介，这个"第三极"就是涅奥普托勒摩斯。索福克勒斯的《菲罗克忒忒斯》这部历史上鲜有人提及的戏剧，之所以

---

[1] Edmund Wilson, *The Wound and the Bow: Seven Studies in Literature*, New York: Farrar Straus Giroux, 1978, p.236.

[2] Lionel Trilling, "Art and Neurosis," in *The Liberal Imagination: Essays on Literature and Society*, New York: Charles Scribner's Sons, 1976, p.180.

作为主体的建构
纽约学派文化批评研究（1937—1952）

引起了威尔逊的特别关注，原因也就在这里。在索福克勒斯的改写中，涅奥普托勒摩斯不再是希腊获胜的必要的直接条件之一，而是重新赢得菲罗克忒忒斯和神弓以使希腊获胜的中介人物。正是通过菲罗克忒忒斯、涅奥普托勒摩斯这两个人物之间所暗含的隐喻关系，威尔逊恰如其分地表达了他自己的文学批评观。①

如果说菲罗克忒忒斯隐喻了艺术家，神弓代表着艺术家的天赋和抱负，渎神而遭蛇咬表现了艺术家的先知先觉及与时代的冲突和格格不入，脚疾象征着艺术家不为公众所理解的敏感和痛苦，以及公众对艺术家的排斥，荒岛彰显了艺术家自我流放的姿态及与公众之间难以跨越的距离，②那么，涅奥普托勒摩斯的存在则极好地诠释了威尔逊心目中理想的批评家形象，即在特定文化语境中艺术家、文学文本和公众之间的中介和桥梁。更值得深思的是，威尔逊在对索福克勒斯《菲罗克忒忒斯》细密的重述中，却完全没有提及涅奥普托勒摩斯"去而复返"这一情节。涅奥普托勒摩斯在赢得了菲罗克忒忒斯的信任，并且

---

① Janet Groth, *Edmund Wilson: A Critic of Our Time*, Athens: Ohio University Press, 1989, p.21.

② Lewis M. Dabney, *The Edmund Wilson Reader*, New York: Da Capo Press, 1997, p.423.

第四章 文学批评的职责

拿到了他的神弓之后,曾经一度违背自己的诺言,与奥德修斯一起遗弃了菲罗克忒忒斯。但是,他随后又回来了,把用卑鄙的欺骗手段得到的神弓还给了菲罗克忒忒斯。菲罗克忒忒斯重新拥有了自己的神弓,涅奥普托勒摩斯也真正赢得了菲罗克忒忒斯的信任。威尔逊再度改写这个古希腊神话,对于文学批评家与文学家之间的角色关系有着更为深刻的隐喻价值。

威尔逊在1941年结集出版的《创伤与神弓》一书中,继续以"创伤与神弓"为题集中关注了文学的创造性活动与作家的精神伤害和心理失调之间的关系。除前面讨论过的同名文章外,该书中的另六篇文章分别探讨了狄更斯、吉卜林、卡萨诺瓦、伊迪丝·华尔顿、海明威、乔伊斯的文学创作。这些文章不可避免地有着弗洛伊德心理分析的印迹,但主要还是通过文学批评的实践,思考和解答了文学批评的职责问题。威尔逊认为,文学批评与文学创作应该互为感应、声气相求;批评家应该在作家与公众之间发挥沟通作用,使文学面向社会、服务人生。在威尔逊看来,批评家首先是艺术家的同情者,他的使命就是要破译造成艺术家痛苦的根源,从而结束他们心灵上的囚禁,

作为主体的建构
纽约学派文化批评研究（1937—1952）

帮助他们走近公众。①

菲利普斯和拉夫曾经谈到 1933—1934 年革命文学在美国的迅猛发展，特别指明当时的批评"不仅包含通常的形式分析，还涵盖了在组织和编辑方面对革命文学的总体引导，以及作家对自身和他人的批判态度"。鉴于美国批评界只是间或有一些文章能够帮助到作家和读者，而在总体上并没有把进行这种"有帮助的"讨论当作批评家的中心工作，因此，菲利普斯和拉夫强调，批评家最需要恢复自己在文学事件中的参与者角色——"批评家的任务就是要指出旁观者的态度所固有的危险。"②

卡津提出，不止一个世纪以来，美国文学的主流是努力创造一个真正民族的文学，实现广泛的民主。

> 美国的批评——时而担任了天才的接生婆的工作，时而对国民的风度发出了公意的责备——企图团

---

① Edmund Wilson, *The Wound and the Bow: Seven Studies in Literature*, New York: Farrar Straus Giroux, 1978, p.10.

② Philip Rahv & William Phillips, "Recent Problems of Revolutionary Literature," in *Proletarian Literature in the United States*, Granville Hicks, et al. eds., New York: International Publishers, 1935, pp.368, 369.

结美国作家，使服务于一个或别个必需的理想。①

特里林也强调，文学批评当然不是文学，批评的愉快与文学创作的愉快并不相同，但是，这两种愉快是紧密相连的，而且批评的愉快使文学的愉快更容易被接受。特里林在肯定福斯特作为一个印象式批评家的价值时，强调批评家对文学作品的个人感悟并不是一件偶然的事情，这些感悟也不会给文学界制造混乱。即使批评家没有专门把这些感悟系统化和规则化，它们自身也遵循着批评家的个性，而批评家的个性则与那些更加有规律、更加明确的愿望和目的有关。一个好的批评家，不仅仅是由洞察力所造就的，也是由信念所造就的。批评家虽然不会把个人感悟转化为铁的定律，却会把这些感悟归属于使它们聚集在一起并对它们产生有利影响的信仰、传统和理想。②这样的批评家才能既表达对文学的独立思考，又保持对文学的敏锐感受，才能拒绝文学批评的专业化和"标新立异"的诱惑，才能不至于沦为文本分析工程师和虚空中的预言家。

---

① [美]A. 卡静：《现代美国文艺思潮》，冯亦代译，晨光出版公司，1949年，第522页。

② Lionel Trilling, *E. M. Foster*, Norfolk, Connecticut: New Directions Books, 1943, pp.165, 171–172.

作为主体的建构
纽约学派文化批评研究（1937—1952）

二、"为公众"的文学批评

文学批评的读者，总体上涵盖三个层次，即作家、批评家、公众。批评家在写作时通常都是有所侧重，兼顾以上三者只能是一种理想状态。因此，对于文学批评的读者层的选择，也在一定程度上体现了批评家的自我定位，即体现了批评家对于文学批评应该承担怎样的职责这一问题所做出的回答。

美国新批评派实际上接受了艾略特对于"批评"这一概念的狭义用法，即批评"指的是对艺术品的书面评论和说明"[1]。虽然艾略特并不认为批评是一种以自身为目的的活动，但还是把批评局限于对艺术作品的解释和对鉴赏趣味的纠正。新批评令人不安的真正原因，就是它把文学批评的中心任务界定为阐释文学作品，并且置作家于不顾，转而强调批评家阐释文学的权威性。这相当于表明，读者曾经赖以评价文学的感觉和传统标准都是不可靠的，伟大的文学作品不是通过率直而简朴的情感来感染人，而是通过复杂而内省的文本分析来加以欣赏，需要一支专门

---

[1] ［英］托·斯·艾略特：《批评的功能》(1923)，载《艾略特文学论文集》，李赋宁译注，百花洲文艺出版社，1994年，第65页。

第四章　文学批评的职责

阐述理论的队伍来挖掘其意义。① 这就斩断了文学与公众的直接关联,在二者之间挖出了一条技术性的理性鸿沟,批评本身也因此成为学术界小圈子的一种特权。

纽约学派则是接受了阿诺德关于"批评"这一概念的广义用法,即人生批评。阿诺德指出,批评已经成为整个欧洲知识界最主要的工作,其目标就是要在所有的知识分支中——在神学、哲学、历史、艺术、科学中——如实看清事物的本相。② 按照阿诺德的定义,批评是"一种旨在了解和传播世界上最优秀的知识和思想的不偏不倚的努力"③。这一清晰的界定,应和着阿诺德关于文化的概念,将批评的触角伸展到人类的全部知识领域,去追求人生的"美好与光明"。

阿诺德并没有给文化简单地贴上精英主义的标签,但确实还是从知识分子的精英立场出发,坚持文化和谐而

---

① [美] 萨克文·伯科维奇主编:《剑桥美国文学史(第八卷)·诗歌和文学批评:1940年—1995年》,杨仁敬、詹树魁、蔡春露、甘文平主译,中央编译出版社,2008年,第287页。

② Matthew Arnold, "On Translating Homer," in *The Complete Prose Works of Matthew Arnold, Vol. 1*, R. H. Super ed., Ann Arbor: The University of Michigan Press, 1960, p.178.

③ Matthew Arnold, "The Function of Criticism at the Present Time," in *The Complete Prose Works of Matthew Arnold, Vol. 3*, R. H. Super ed., Ann Arbor: The University of Michigan Press, 1962, p.283.

作为主体的建构
纽约学派文化批评研究（1937—1952）

普遍的完美，反对迎合公众的粗鄙与盲目。威廉斯指出："根据阿诺德的定义，文化可以走在经济和社会组织的前面，体现着理想的未来。"①阿诺德在《文化与无政府状态》（1869）一书开篇就表明了他的立场：

> 文化心目中的完美，不可能是独善其身。个人必须携带他人共同走向完美，必须坚持不懈、竭其所能，使奔向完美的队伍不断发展壮大，如若不这样做，他自身必将发育不良，疲软无力。②

在阿诺德的语境中，文化作为"广义的教育"是走向完美的必然途径，知识分子就是那些一心追求自身完美，以及引领公众走向完美的人。他们并非出自某个独立的阶级，在"野蛮人""非利士人"和"群氓"中都会提升出这样的人。既然"文化懂得，在粗鄙的盲目的大众普遍得到美好与光明的点化之前，少数人的美好与光明必然

---

① ［英］雷蒙德·威廉斯：《文化与社会》，吴松江、张文定译，北京大学出版社，1991年，第346页。
② ［英］马修·阿诺德：《文化与无政府状态——政治与社会批评》，韩敏中译，生活·读书·新知三联书店，2008年，第11页。

第四章 文学批评的职责

是不完美的"[1],那么,批评就承担了引发越来越多的"最优秀的自我"成长和发展的重要职责。

威尔逊、特里林都是从阿诺德的这个意义上理解批评家的功能的,并且与阿诺德一样把自己当成"以写作为业"的人,而不是当成语言哲学家。[2]既然文学是对人生的批评,文学就应该是公众的鉴赏对象,而不是少数人的审美情趣;文学批评就应该是为公众的,批评家就应该要"了解和传播世界上最优秀的知识和思想"。批评家绝不能脱离历史文化传统的根基,绝不能成为政治斗争和道德教化的工具,而是保持着宽广深厚的人文关怀和切入问题的独立视角,致力于使文学批评拉近文学和公众之间的距离。

但是,纽约学派不赞同阿诺德思想倾向中的另一面,即把批评看成是脱离政治和其他一切实际利害关系的智力和精神活动。纽约批评家认为,指向人生的文学批评不能仅仅执着于精神自身的探索,而是既要有超然无执、客观公允的理性态度,又要有勇于介入现实人生的实践精神。

---

[1] [英]马修·阿诺德:《文化与无政府状态——政治与社会批评》,韩敏中译,生活·读书·新知三联书店,2008年,第33—34页。

[2] Mark Krupnick, *Lionel Trilling and the Fate of Cultural Criticism*, Evanston: The Northwestern University Press, 1986, p.2.

作为主体的建构
纽约学派文化批评研究(1937—1952)

他们坚持,文学批评应该成为"为公众"的人生批评。这正是纽约批评家作为公共知识分子的立场所在。

威尔逊相信批评与社会生活之间具有紧密联系,坚持批评是文学和公众之间的纽带。他认为,文学批评应该是诗性、社会性和公共性的统一,应该对一个民族的文明发展轨迹进行综合把握。只有这样,文学批评才能保持长久的生命力,才能更为有效地完成诠释文本、触动公众和服务社会的使命。[①] 威尔逊抱着同情和理解的姿态,始终以调停人的角色沟通作家和公众,在批评的实践中融入道德关怀。夏皮罗(Karl Shapiro)曾经指出:

> 威尔逊的评论成就在于他把文学与人类生存的图景结合为一,从抽象分析家手中盗取文学之火。他可能是现代评论家里唯一可以无私、博学而又勤恳地把我们这一代的科学、社会、美学与创作灵感带回大众的注视之中的人。[②]

[①] 邵珊:《走向文明的批评:现实与诗性之间——论埃·威尔逊的批评观》,《南京师大学报(社会科学版)》2006年第6期。
[②] 黄念欣:《消逝中的批评工作:作为"文学记者"的埃德蒙·威尔逊(代译序)》,载[美]埃德蒙·威尔逊《阿克瑟尔的城堡:1870年至1930年的想象文学研究》,黄念欣译,江苏教育出版社,2006年,第5页。

第四章 文学批评的职责

特里林也没有仅仅把自己当成是教授,而是更多地把自己视为面对公众并论说公众问题的知识分子,更多地致力于寻找并发现一个更大的受众群。[①]他关于文学和文化的思考,对一般公众和学者都产生了广泛的影响。特里林在回忆他的博士学位论文时,提到他自己决心涉及那个时代知识分子的某种气质:

> 这一决心就是要发现自己的受众,但这种受众不在学者中,而在一般公众中。[②]

菲利普斯和拉夫在1953年谈到,《党派评论》的理想读者应该拥有广泛的艺术和政治视野,必须关注小说、艺术和批评,必须把握现代社会的走向,尤其重要的是,

---

[①] [美] 拉塞尔·雅各比:《最后的知识分子》,洪洁译,江苏人民出版社,2002年,第69页。转引自 David K. Moore, *Liberalism and Liberal Education at Columbia University: The Columbia Careers of Jacques Barzum, Lionel Trilling, Richard Hofstadter, Daniel Bell, and C. Wright Mills*, Ph. D. diss., University of Maryland, 1978, pp.147–178。

[②] Lionel Trilling, "Some Notes for an Autobiographical Lecture," in *The Last Decade: Essays and Reviews, 1965–75*, Diana Trilling ed., New York: Harcourt Brace Jovanovich, 1979, p.239.

作为主体的建构

纽约学派文化批评研究（1937—1952）

必须觉察到文学和艺术对于人生的直接影响。[1]他们对于理想读者的这种界定，显然隐含了纽约学派对于理想批评家的要求。如果说，美国新批评派对设计有效的教学手段或多或少有些热情，那么，纽约学派却把自由撰稿人和独立的文学编辑的人生视作批评家的楷模。他们也许并不轻视学院教育和专业学者，但是却持有一种质疑的态度；他们抵制把批评约等于一种文本说明和课堂诠释，因为他们认为文学批评是一种面向广大公众的文化活动，不能也不应该局限在大学课堂和专业期刊；他们保持与大众文化的疏离，抵制大众文化的社会一体化进程，并因此不信任新批评的形式主义文本分析，因为他们认为这种教学法无疑也推动了一体化的可怕现实，导致他们所喜爱的现代主义文学的社会化和学科化；他们没有人为地赋予经典文学代表美国文化整体的功能，但希望以经典文学为主导去带动对公众的文学品位和文化品位的提升。

卡津以左拉的《萌芽》（*Germinal*，1885）为例，通过与美国新批评派的分析进行比照，以及对批评家进行评价，阐述了他对文学批评所应承担的职责的一贯立场。卡

---

[1] *The New Partisan Reader*, William Phillips & Philip Rahv eds., New York: Harcourt, Brace, 1953, p.vi.

第四章　文学批评的职责

津认为，尽管左拉自命为诗人，他的小说在文学风格上也确实蕴含了诗歌的浮华晦涩，但《萌芽》最突出的特质在于它自身的批判力量；而新批评赋予这部小说以悖论、张力、含混的特质，则是忽略了读者自身的经验与小说的叙述之间的呼应，以及小说基于历史的表达和局限。这种出于主观而非历史的阐释，让读者对文学感到恐惧不安，感到是要去控制文学这头怪兽，而非与之分享这个世界，批评家与读者之间的关系也就由此出现了偏差。在卡津看来，美国批评的传统不是在教条主义的马克思主义者和新批评派那里，而是在纽约批评家这里得到了最为生动有力的体现。卡津追溯了美国文学批评关注社会的传统，指出从爱默生、梭罗到门肯、布鲁克斯，批评总是美国哲学之凡俗的一系，是知识分子的良知。卡津指出：

> 它（美国文学批评——引者注）的研究文学还是内在地为了公民理想，通常它研究文学的成分少，而多的是寻找某种必需的道德的秩序以便美国的写作可以在其中生长。它绝不是偶尔的事，除了爱伦坡和詹姆士这种人对于技巧与风格的问题曾有研究，此外美国的批评一向是为道德作宣传的。它甚至是

作为主体的建构
纽约学派文化批评研究（1937—1952）

> 美国文学与美国社会之间底一个秘密的媒介——尽管研究它，实践它的人数是这样少。①

卡津相信，真正的文学批评应该能够提出新的问题，能够活跃文学想象；它最伟大的品质，就是满怀热情地宣告人类的真实本性和应有命运。"用想象力为生活进行辩护，这就是艺术家生命的意义，批评家的工作则是要阐明和支持这样的信念，并同样为之奋斗。"——这样的批评家，必然是与文学同呼吸，投入并审视与文学相关的一切；他们必然是为公众而写作，为令人信服而写作，为文学伟大传统中的道德主题而写作；他们必然拥有充满活力的价值体系，拥有激昂而持久的时代追求，拥有对具体观念和美学差异的敏锐深入的分析；他们必然充满激情地宣告人类的本性及其必将面临的命运。②

纽约学派所关注的20世纪20年代的现代主义文学，本来就是对19世纪文学传统的反叛，是一种反传统的文学。他们除了肯定现代主义文学的美学价值，还因为它的

---

① ［美］A. 卡静：《现代美国文艺思潮》，冯亦代译，晨光出版公司，1949年，第521—522页。

② Alfred Kazin, "The Function of Criticism Today," in *Contemporaries*, Boston: Little, Brown and Company, 1962, pp.494–501.

第四章 文学批评的职责

叛逆与疏离而对其赞赏有加。美国新批评派虽然也赞赏现代主义文学，但却以所谓科学的形式主义分析阉割了现代主义激进的批判精神，遮蔽了它在艺术形式上的实验主义锋芒，使其融为中产阶级高雅文化的一部分。由于新批评在美国学院教育中的广泛影响，现代主义文学逐渐被纳入美国主流文学，成为美国批评界顶礼膜拜的新的经典，现代主义大师们则晋升为美国文学圣殿中新的神灵。但是，新批评本身作为"白色象牙塔"中的纯学术批评，不仅脱离了历史，也脱离了现实社会生活。

与美国新批评派的形式科学不同，纽约学派强调的"科学"，首要的是指科学方法和社会科学，尤其是马克思主义。在纽约学派这里，科学作为变革的工具和有序的系统，保障了作家与现实的联系，为文学发展提供了基础和灵感。纽约批评家坚持，批评本身不是目的，无论给予严格的艺术考虑多么大的关注，文学也必须在社会背景中加以分析，批评家的批评话语必须介入人生。批评家必须以人文关怀、文化干预为批评目的，把作家和作品都放到公众的视野中，提供关于其历史价值和审美价值的公开讨论，缩小高雅文学和普通读者之间的距离，真正把文学带到公众中去。

作为主体的建构

纽约学派文化批评研究（1937—1952）

纽约批评家坚持从事"为公众"的文学批评，并不意味着他们认为文学价值是一件可以由公众决定的事情，也不意味着文学创作应该迁就公众。他们是出于服务公众的目的，希望为公众提供有用的帮助，即通过文学批评帮助公众提高社会历史意识和审美品位，发展强调美国思想的统一性的高雅文学和文化。菲利普斯和拉夫认为，批评并不直接接触公众，其功能是引导和调整文学；批评是文学的武器，不是政治的武器，不是阶级斗争的武器。[1] 从文学中把政治分离出来，是纽约学派的基石。但是，这种分离不是绝对的分裂，而是把文学当作其中涵盖了政治的复杂的文化构成中的一个因素，把作家和批评家都看成被赋予了专门的社会特性和行为的知识分子。文学和文学批评就是通过知识分子的个人意识反映文化问题。作家的社会疏离姿态、特殊心理问题，以及作家与批评家生活的双重艰难，都成为纽约批评家首要关注的问题。实际的政治与文学已经彻底分离了，但在哲学意义上，作为一种面对社会背景的道德姿态，二者的关系十分密切。正如吉尔伯特所言，知识分子的疏离姿态让他们从现实的政治中退

---

[1] "Criticism," *Partisan Review*, Vol.2, No.7 (April–May 1935): 17.

第四章 文学批评的职责

隐,超越了文学和政治的一般关系,进入一种革命文化的视野。于是,疏离的人就成了激进的人。①

不仅是纽约学派所坚持的马克思主义的开放性、流动性和多样性,还有纽约学派所一直表现出的对于固定观念和封闭结构的担心,以及纽约学派的马克思主义逐渐蕴含了更多有其自身来源的知识分子的价值观,都使得这个学派不可能把马克思主义作为自己的一种信仰。纽约学派文化批评的思考更为广泛,注重考察知识分子从中获得营养或者毒素的社会环境。这种文化批评并不试图把政治注入文学,但却致力于拓宽文学家的视野,去关注人生的方方面面,这自然也包括政治的方面。因此,纽约学派总体上保持着鲜明的政治立场,然而也一直坚持文学、文学批评的独立地位。正是不愿使文学和文化从属于政治,《党派评论》1937年才会与斯大林主义决裂,走上独立办刊的道路。这个"不愿"一直延续了下来。麦克唐纳1943年就是因为意见与此相左,即坚持激进主义能够免于破产、政治探讨应该成为刊物的主体内容,才离开了《党派评论》。麦克唐纳的离开从另一方面证明,纽约学派作为

---

① James Gilbert, *Writers and Partisans: A History of Literary Radicalism in America*, New York: Columbia University Press, 1992, p.186.

231

作为主体的建构
纽约学派文化批评研究（1937—1952）

一个批评家群体是一个分享着基本价值的共同体，他们反对静止，强调科学、独立和均衡，重视理性分析和科学方法。虽然这并不意味着他们在具体问题上都一定观点一致，但是，纽约学派的群体定位和群体价值观，为这些批评家提供了社会意义和心理意义上的相互支撑，这也是他们的批评力量的源泉。

纽约学派关注社会、关注公众的同时，却坚守了一种知识分子的疏离。这种与社会的疏离，与那种真正同社会隔绝，或者完全拒斥社会的情况，并不是一回事。对纽约批评家而言，疏离既是一种严肃的观念，也是一种自觉的姿态。一方面，这种疏离可以充当他们进入社会中枢的条件，局外人有时是更完美的局内人。正是秉承这种疏离的观念和姿态，纽约学派要在与社会格格不入的现代主义中，融入关注现实的激进主义。这与纽约学派对托马斯·曼的评价是一致的。当20世纪40年代纽约学派不再强烈地倡导激进主义时，他们还在延续的疏离就给人以纽约学派的批评立场始终一脉相承的印象，尽管他们的疏离所针对的具体内容似乎已经发生了变化。另一方面，这种疏离可以充当他们的保护伞，他们既可以拥有马克思主义者的观点，也可以拥有弗洛伊德主义者的观点，甚至可能模糊二者之间的界线而进行自由的转换。当纽约批评家在智识上、政治上、经济上都开始融入美国社会时，这种疏离又可以让他们继续自认为是局外人和激进分子，允许他们与社会变迁保持一定的距离，保证他们以开放与独立的思想关注文学和文化。①

三、对文学批评自身的反思

在纽约批评家从事文学批评活动的早期，整个美国批评界主要受到两种思潮的影响，即马克思主义社会—历史批评和弗洛伊德心理分析批评。与此同时，美国新批评派占据着主流地位。这个时期美国的文学批评分裂为两大阵营，各趋极端，不是只要求社会意识，堕为政治武器，就是只谈技巧问题，堕为学术性的技术和狭小的心灵财产。这两者，即坚持美学价值隶属于遵循严酷的社会教条的马克思主义者与坚持一切都隶属于坚守美学价值的形式主义者，都坚持唯有忠于自己的这一端才能准确地导引到对文学的理解。面对双方都宠爱着自己的价值而轻视着对

---

① Terry A. Cooney, *The Rise of the New York Intellectuals: Partisan Review and Its Circle, 1934–1945*, Madison: The University of Wisconsin Press, 1986, pp.263–264.

作为主体的建构
纽约学派文化批评研究（1937—1952）

方的美国文学批评现状，纽约学派认为这两种极端都是美国文学走向成熟的进程中出现的障碍，进而作出了综合这两者的努力。卡津坦言：

> 我从不能了解为什么在研究文学与社会的关连中，却不该与致全力研究什么是文学相提并论，或是为什么那些分析文学作品的人，该把写作与自人类生活中所获不可或减的源流分割开来。[1]

纽约批评家坚信，只有文学与文学批评都以一种恰如其分的综合与平衡的方式发展，二者才能都有真正的进步。

纽约批评家对文学批评自身进行的反思，实际上就是对美国文化的反思。威尔逊为文学史家和文学批评家提出了深刻的警醒，即文学史"不能给人以文学运动是一个紧接着一个发生这样的印象"，而文学批评"当然不是一套方法论或价值观完全被另一种取代，相反，一切是在反复对抗和修正中生长的"。威尔逊还告诫说：

---

[1]［美］A. 卡静:《现代美国文艺思潮·序》，冯亦代译，晨光出版公司，1949年，第7页。

第四章 文学批评的职责

> 我们所谓的客观与主观的概念其实是一个错误的二元对立；我们的物质主义与理想主义同样建基于它们对科学研究的错误理解上——古典主义与浪漫主义、自然主义与象征主义之间，实际上都是错误的对立。①

在20世纪30年代就能提出这样的观点，显示了威尔逊的批评才华与洞见。威尔逊那一代知识分子，"或许正是因为他们始终对美国文化的商业主义抱怀疑态度，所以才能一如既往地在作为一个符合理想的民主国家的组成部份的自由交换关系中充分保持自己的知识分子个性品格"。②他们一贯拒斥思想与理想的商品化，坚信美国经验的潜在力量，完全把自己融合在美国文化中，"不求一致，但求团结"的宗旨在纽约批评家这里得到了充分的体现。

卡津对美国文学批评的关注，就是因为它作为不同价值观相冲突的重要场所，表征了美国思想的迅速发展。

---

① [美]埃德蒙·威尔逊：《阿克瑟尔的城堡：1870年至1930年的想象文学研究》，黄念欣译，江苏教育出版社，2006年，第9、207—208页。
② [美]埃默里·埃利奥特主编：《哥伦比亚美国文学史》，朱通伯等译，四川辞书出版社，1994年，第600页。

作为主体的建构

纽约学派文化批评研究（1937—1952）

他在《现代美国文艺思潮》（1942）一书的序言中公开宣称，现代美国写作中最伟大而单一的事实，就是"作家们对于美国社会网罗无遗的融会贯通，及他们对于这社会深挚的疏远之感"。真正的批评始于文学作品本身，始于技艺、才能、机巧，但要在浸沉于作品之中的基础上超越作品、超越文学本身所研究的世界，才能发表自己的意见。因此，在序言的结尾，卡津毫不迟疑地断言："批评的目的至少是在于通过作品以了解世人。"[①] 他深入考察了美国趋向两极的批评界，对当时存在的两种批评倾向都明确表示不赞同。卡津提出，教条主义的马克思主义批评，作为一种社会学的批评，对文学的忠诚不是成为"纯粹的政治武器"，就是成为"半文学的社会功能与阶级功能的计算器"；形式主义批评对于少数近代诗歌的热忱崇拜，则成为一种精微的美学。它们之间本来不可能有共同点，但它们对于一种"绝对"的搜寻在精神上却是一致的。这种对"绝对"的搜寻所形成的没有美学的社会学批评和没有社会学的美学批评，都会引发狂热和独裁的危险。另外，尽管教条主义的马克思主义批评家和形式主义批评家谈到了

---

① ［美］A. 卡静：《现代美国文艺思潮·序》，冯亦代译，晨光出版公司，1949年，第4、8页。

第四章　文学批评的职责

文学创作的一切有关问题,但他们都始终不谈文学为什么对人是重要的。当批评成了科学,批评家成了机械师,"文学就喘不过气了"。[1] 由此,纽约学派保持独立声音的努力,实际上导致他们的文学批评受到了双重夹击:对于形式主义者来说,他们过于激进了;对于传统左翼来说,他们又过于保守了。

美国文学批评在20世纪30年代陷入的危机,与美国当时的经济危机一样,都是美国社会和思想发生深刻变化的具体表现。因为文学不是中性的,文学作品不是绝缘体,文学批评不能回避其中的价值问题。卡津直到60年代仍然相信,文学在这个时代能够发挥它主要为社会政策和道德行为提供观念的第一流功能。

> 真正的文学批评进入最佳状态,可以实际地引发新的主题,能够激活文学想象。这是批评的伟大传统,即批评的既定价值观随着时代变迁的一部分。它唯一最伟大的贡献就是它的力量,它热诚地宣告

---

[1] [美]A.卡静:《现代美国文艺思潮》,冯亦代译,晨光出版公司,1949年,第523、575—576页。

作为主体的建构

纽约学派文化批评研究（1937—1952）

真正的人性和人类应有的命运。①

但是，卡津反对批评家站到社会的对立面去一味地批判社会，提倡来自社会内部的清醒的观察和批判。他盛赞威尔逊作为疏离者的批评姿态，即"不贪求收获，只安静地求一个明了"②，强调批评家的职责就在于做一名公共知识分子，逆潮流而思，顺潮流而动。文学批评的指向性和目的性，就是人生，即以人生为旨归。文学批评既要站在人生与文学之间，也要介入文学且介入人生，同时又超越其上。这种文学批评才能发现文学文本，照亮它们，使有价值的文本得以凸显。

对于纽约批评家来说，除了要以人生为旨归，批评的功能还在于衡量文学再现与历史真实之间的距离。这也是经典马克思主义的影响之一。威尔逊认为，文学批评应该"是观察人类意念与想象如何被环境模塑的一种历史"③，应该以更大的文化和历史语境做背景，把作家像文

---

① Alfred Kazin, "The Function of Criticism Today," in *Contemporaries*, Boston: Little, Brown and Company, 1962, pp.505, 496.
② ［美］A. 卡静:《现代美国文艺思潮》，冯亦代译，晨光出版公司，1949年，第581页。
③ ［美］埃德蒙·威尔逊:《阿克瑟尔的城堡：1870年至1930年的想象文学研究》，黄念欣译，江苏教育出版社，2006年，"代译序"之后。

第四章 文学批评的职责

学作品中的人物那样去塑造。这似乎把历史与批评合二为一了。不过，威尔逊确实一直主张文学批评和历史这两者之间并不是严格地互相区别开来的。他的《到芬兰车站》（1940）一书的副标题，俨然就是"历史的记录与行动之研究"（*A Study in the Writing and Acting of History*）。欧文·豪也提倡文学批评要向社会和历史维度敞开，对文学与文化的关系保持敏锐。菲利普斯坚持马克思主义批评是无价的，认为文学是感知、观念、情感和价值的载体，批评家则是把文学作品作为个人对社会的反应加以衡量和检验，而马克思主义在这里能够帮助判断文学作品的价值，以及了解作家拯救了怎样的社会价值。① 更重要的是，菲利普斯坚信，文学是一种感知方式、一种关于作家和社会之间关系的表达，所以，作家是文学的焦点。纽约学派的这种马克思主义观点，其实隐含了一种对心理分析方法的要求。当批评试图寻找并认可文学从社会中所拯救的价值，就分享了文学的想象的可能。从社会中拯救价值，就是作家和批评家共有的功能。

到了二战前后，即1939—1945年，纽约学派的激进

---

① William Phillips, "The Esthetic of the Founding Fathers," *Partisan Review*, Vol.4, No.3 (March 1938): 21.

作为主体的建构

纽约学派文化批评研究（1937—1952）

主义冲动整体上有所减弱，但仍在继续。与此同时，纽约学派对现代文学的传统，以及知识分子的文化传统的关注，则有所增加。他们更加着力于避免与阶级或政治运动产生过于紧密的联系，更加着力于培育一个超然独立的视野。他们把以未来文学的名义挥舞的批评之剑，逐渐打造成了更适于照料文学田地的耕犁。[1]美国知识分子在这一阶段面临着是否还能够继续保持思想性、创造性和识别力的考验。纽约学派中的特里林和拉夫，尤为成功地把此时的怀疑和失望转化成他们展开深入思考的有利条件，试图指明文学批评的方向。

特里林通过对整个传统的质疑来反抗斯大林主义。他在帕灵顿和史密斯（Bernard Smith）对文学的曲解和对批评标准的强求一致中，看到了已经过时的19世纪科学的影响。那个时代，事物就是事物本身而非其他，现实是坚固的、不可辩驳的。特里林因此对唯物主义者、理性主义者和科学的传统表示怀疑，认为中产阶级的自由主义者和马克思主义的激进分子的共同点远比他们之间的差异

---

[1] Terry A. Cooney, *The Rise of the New York Intellectuals: Partisan Review and Its Circle, 1934–1945*, Madison: The University of Wisconsin Press, 1986, p.166.

第四章 文学批评的职责

重要。[1] 他赞同更为感性的历史批评，反对新批评把对诗歌含糊性的说明变成了一种智力体操般的程序。[2]

拉夫谈到，政治最初把文学想象拉近了社会现实，帮助文学吸收了许多新鲜事物，后来却掠夺了这种想象，激起了文学自我毁灭的冲动。这并不能从中得出文学家不应该沉浸于社会理想，或者他们应该远离政治的结论。相反，"这个教训应该是，政治作为政治，就像象牙塔作为象牙塔，对于文学而言既不好也不坏"[3]。它们对于文学的作用就是思想的酵母和视野的开阔。因此，文学是灵感、思想和激进主义的活力，既不是知识分子的社会处方，更不是政治操纵；文学既要关注现实生活，又要与现实生活保持一定的距离。文学作品既是根源于时代风尚的思想成果，又是文学传统和艺术标准所滋养的工艺品。文学批评既要在艺术和人生之间进行调和，又要为文化服务。为了弥补此前只重视社会现实的不足，拉夫转向了对文学传统的分析，其中最著名的论断就是美国文学有两个传统，即

---

[1] Lionel Trilling, "Parrington, Mr. Smith, and Reality," *Partisan Review*, Vol.7, No.1 (January–February 1940): 24–40.

[2] Lionel Trilling, "The Sense of the Past," *Partisan Review*, Vol.9, No.3 (May–June 1942): 230–231.

[3] Philip Rahv, "Twilight of the Thirties," *Partisan Review*, Vol.6, No.4 (Summer 1939): 8.

作为主体的建构

纽约学派文化批评研究（1937—1952）

"苍白脸"与"红皮肤"。他的关注对象虽然发生了一定的变化，但仍然是出于考虑均衡的批评立场，仍然沿用惯有的思想方法。这也是纽约学派当时的总体倾向。[1]

拉夫也非常关注传统与个人才能的关系。他曾经比较过卡夫卡和托尔斯泰的小说，认为即使如此具有文学个性的卡夫卡，也与托尔斯泰一样承继了批判中产阶级生活的传统，即抵制文明，排斥理性主义，把城市人视为精神已经死亡的异端。[2] 拉夫专门谈到，卡夫卡近来的模仿者是片面乃至无能的。像卡夫卡这样天才的革新者，不仅仅是毁灭者，而是在他把世界拆散的同时，他又把世界重新组成一个整体。[3] 按照同样的逻辑，拉夫只能把亨利·米勒看成边缘人物。米勒在文学史上的重要性是症候性的，而不是实质的。他把传统抛到一边，创作出来的作品都不是作为一个整体，而是碎片，这样也就无法在创作过程中一直表现出他自己的文学个性。文学，乃至更广泛的文化，都不能接受完全无拘无束的个性表现，而是需要一根

---

[1] Terry A. Cooney, *The Rise of the New York Intellectuals: Partisan Review and Its Circle, 1934–1945*, Madison: The University of Wisconsin Press, 1986, p.316: 33.

[2] Philip Rahv, "The Death of Ivan Ilyich and Joseph K.," *Southern Review*, Vol.5, No.2 (Summer 1939): 174–185.

[3] Philip Rahv, "On the Decline of Naturalism," *Partisan Review*, Vol.9, No.6 (November–December 1942): 485–486.

缰绳、一种均衡感。① 也就是说，传统与现实都必须行使作为文学律条的职责。纽约学派此时不再期望从激进主义与现代主义的融合中获得这种均衡，而是相信文学创作只有既表现个性又承继传统，才能抑制文学的极端倾向。

与纽约学派同时的新批评派所关切的是分析评价文学文本的结构和语义的前后照应，他们不仅拒斥了历史和现实社会生活，而且完全淡化了批评家本人的文学修养和趣味，排除了批评家的个人感受。菲利普斯对此有着明晰的认识，他指出：

> 从新批评到结构主义，维系这一现代批评理论脉络的因素就是对于文本的重视，几乎彻底从文学创作、阅读和评价中排除了历史和人类经验的积淀。②

纽约学派的文学批评所关切的根本，则是现代的价值问题。批评的危机，在20世纪30年代就是"文明的道德秩序的危机"，批评家在危机中将扮演主角——"寻

---

① Philip Rahv, "The Artist as Desperado," *New Republic*, No.104 (1941): 557–559.
② "The Statement of Criticism: New Criticism to Structuralism," *Partisan Review*, Vol.47, No.3 (Autumn 1980): 374.

作为主体的建构
纽约学派文化批评研究（1937—1952）

找新的标准，应用新的标准，照耀那必需的社会力量"，来帮助创建灿烂的新的文学和新的文化。在危机的时代，批评的特征就是为了拯救世界，为了拯救整个文化。[1] 可以说，卡津的这种表述更多地呈现出对批评家职责的自我期待与定位。他推崇威尔逊，认为威尔逊融合了社会—历史批评和美学批评，就是为了在文化中理解文学：

> 这样一来，文化成了一件作品的背景，而这一件被讨论的作品多少总不是孤立地被讨论的作品。其价值于是乎被认识了，文化给了它以意义；这部书就活在心灵之中，大约就因为一切社会的、环境的以及智识的历史都被利用了来帮助这个作品的被理解。[2]

菲利普斯和拉夫也自觉地承担了这样的职责，坚信伟大的文学会在伟大的文化中诞生。菲利普斯和拉夫认为，批评实践与文学创作一样，也是一项要求极高的技巧

---

[1]［美］A.卡静：《现代美国文艺思潮》，冯亦代译，晨光出版公司，1949年，第528—530页。
[2]［美］A.卡静：《现代美国文艺思潮》，冯亦代译，晨光出版公司，1949年，第584页。

和感觉的艰难的工作。尽管受到科学的方法与权威的吸引,但他们也看到了文学与科学的不同,即文学尽管常常包含着似乎可以应用于全人类的洞察力,却仍然特别地为文化所充满。① 纽约学派对文学批评的反思,显然还是在自身的逻辑中循环,还是站在文化激进主义的立场,从文化批评的视角洞察美国文学的现状和未来。

---

① David A. Hollinger, *Morris R. Cohen and the Scientific Ideal*, Cambridge, Mass.: The MIT Press, 1975, p.59.

第五章　作为学派的终结与批评的未来

"纽约知识分子"是最后一批能够称得上作为一种社会类型存在的美国文艺界人物。作为一个批评家群体，他们集中活跃在20世纪30年代末期至50年代前期，其中的一些成员作为个体的影响远比这一时段长久。比如，特里林在辞世之前的一个月，即1975年10月，还在加拿大的一个会议上宣读了他的论文《我们为什么阅读简·奥斯汀》(*Why We Read Jean Austen*)，这篇论文于次年发表，后来收录在文集《最后十年》(*The Last Decade: Essays and Reviews 1965-75*，1979）中；菲利普斯在2002年辞世之前一直担任《党派评论》的编辑，正是他的辞世直接引发了《党派评论》2003年的停刊。但是，从50年代中后期开始，纽约批评家虽然仍在美国社会中

第五章　作为学派的终结与批评的未来

发挥着重要作用，却不再呈现为一个具有内在一致性的群体，其价值观和关注点也发生了变化。莫斯科审判的发生和《苏德互不侵犯条约》的签署，在30年代末期已经为纽约学派的非激进化埋下了伏线。二战之后，伴随着社会生活的巨大变化，纽约学派更是陷入了失去历史身份的窘境，需要重新调整自己文化批评的立场。菲利普斯描述了文学知识分子心目中原本由马克思主义一统天下的文化的消亡，特里林困惑于斯大林主义的溃败使他失去了值得辩驳的对象，拉夫40年代感叹他们自己成了"无家的激进主义者"，威尔逊50年代潜心于对非主流文化和少数民族文化的研究。1954年，《异见》的创刊和欧文·豪《这个顺从的年代》①一文的发表，表征了纽约批评家文化姿态的新一轮洗牌尘埃落定，维系纽约学派的文化激进主义失去了批评力量。纽约批评家作为一个学派的存在，走向了终结。

---

① Irving Howe, "This Age of Conformity," *Partisan Review*, Vol.21, No.1(January–February 1954): 7–33.

作为主体的建构

纽约学派文化批评研究（1937—1952）

一、文化姿态的建制化

二战之后的美国文化就像万花筒里的碎片，种种思潮此起彼伏，互相冲突，或被视为异端，或遭到遗忘，没有哪一个赢得唯一的话语权。与此同时，这一切又都被容纳在美国文化的同一框架内。纽约学派由于这种文学环境变迁的强大同化力量，不可避免的和解随之出现，即所谓"从反叛到顺应"，"从边缘到中心"，"从街垒意识或象牙塔偏见转向对社会和文化的综合思考"[①]。但是，与其说这是纽约学派的激进主义锋芒衰退了，文化批评的锐气减弱了，不如说当纽约学派所秉持的疏离姿态也成为建制化所允许的种种文化姿态之一时，批评家们就丧失了群体维系和批评力量的根基。正如艾萨克·罗森菲尔德所言，"这些公共建制如今已经取代了先锋派的位置，并且发挥着先锋派原来的功能"[②]。

1952年，《党派评论》举办了著名的题为"我们的国家和我们的文化"的讨论，吸引了24位学者集中针对下

[①] 赵一凡：《美国文化批评集》，生活·读书·新知三联书店，1994年，第140页。

[②] Isaac Rosenfeld, "On the Role of the Writer and the Little Magazine," *Chicago Review*, Vol.11, No.2 (1957): 11.

述四个方面的问题交换了意见。

1. 美国知识分子在何种程度上确实改变了他们对美国及其公共建制的态度？

2. 任何一位美国的知识分子作家都必须顺应大众文化的潮流吗？如果必须的话，他能够采取什么方式？或者，你相信一个民主社会必定出现的文化走向，就是超出西方文明传统思维方式和审美观念的大众文化吗？

3. 既然艺术家和知识分子不再能够完全把欧洲作为文化典范和活力之源，他们在美国生活何处才能发现再度复兴和获得认可的力量？

4. 如果美国正处于再次被肯定和被发现的进程中，批评能够回到梭罗和梅尔维尔，信奉美国知识分子历史上的一些基本表达，一如既往地坚守不墨守成规的传统吗？[①]

除了欧文·豪、诺曼·梅勒、查·怀特·米尔斯三

---

① "Our Country and Our Culture," *Partisan Review*, Vol.19, No.3 (May–June 1952): 286.

作为主体的建构
纽约学派文化批评研究（1937—1952）

人表示抵制以外，其余的学者都倾向于赞同这种说法，即美国知识分子确实更加接纳他们的国家和他们的文化，而且这种接纳总体上是一件好事。《党派评论》也毫不迟疑地宣称要随之调整刊物的社会立场。

> 在政治上，我们应该看到，存在于美国的民主有着内在的、积极的价值：它不仅是资产阶级的神话，而且是我们必须保卫，从而避免俄国极权主义侵害的现实。它的文化后果肯定是深远、复杂的，其中的一些现在已经明显出现。无论好坏，美国大多数作家不再把疏离（alienation）当作艺术家的宿命来接受；与之相反，他们非常愿意成为美国生活的一部分。①

特里林肯定了知识分子阶层应有的自主意识和社会责任，即就算不直接治国参政，也要为社会提供长久价值和思想方向。特里林看到，智识本身在20世纪50年代已经成为一种权力，原先建立起来的社会、经济、政治

---

① "Our Country and Our Culture," *Partisan Review*, Vol.19, No.3 (May–June 1952): 284.

第五章 作为学派的终结与批评的未来

权力都服从于它,而知识分子也以一种不可阻挡的群体方式介入了政治和社会生活。[1] 拉夫更是明确将这种状况定性为"美国知识分子阶层的资产阶级化"[2]。蔡斯直接表示赞同《党派评论》的立场,即许多作家已经采取了与"我们的国家和我们的文化"和解的新的姿态。他甚至断言美国知识分子在历史上从来不存在本质意义上的疏离——激进主义所带来的不是疏离,而是对美国保持异议和承担义务。"从内部发出异议"(dissidence from within)[3],才是唯一继承了这个传统的有价值的选择。菲利普斯肯定美国的艺术家和知识分子对国家的态度发生了明显的变化,他们不再迷恋于疏离的主题,而是追随美国文化的持续发展,并且感到自己的命运已经和国家的命运联系在一起。菲利普斯指出:

> 这种新的美国精神已经影响了我们的思想和个人生活,因为作家不仅改变了对美国和欧洲的态度,而

---

[1] "Our Country and Our Culture," *Partisan Review*, Vol.19, No.3 (May–June 1952): 319–320.

[2] "Our Country and Our Culture," *Partisan Review*, Vol.19, No.3 (May–June 1952): 306.

[3] "Our Country and Our Culture," *Partisan Review*, Vol.19, No.5 (September–October 1952): 569.

作为主体的建构

纽约学派文化批评研究（1937—1952）

且开始用一种不同的眼光来看待自己。虽然我们仍然珍视欧洲传统，我们却不再存有敬畏之心；我们现在相信我们的文学和写作生活不会脱离我们的民族经验而成长。这并不一定是出于爱国之心而拒绝艺术的国际主义，但至少部分地是一种实现我们的民族认同的努力。然而，在作家关注民族认同的时候，他不得不审视他的自我认同。因为他发现很难同时把自己既当成美国作家，又当成无家可归者。①

菲利普斯在此提出了美国作家的自我认同所面临的困境，即处于一种不得不平衡各种力量冲突的悬浮状态，但最终坚信美国文学必定与美国文化密切相关，植根于美国的日常经验。

与此相反，欧文·豪坦率地表示自己并没有看到美国作家接纳美国的任何迹象，只是在目前的创作中很少出现对社会的直接批评，但同时也没有对社会的热情，消极抗拒成为一个时代的选择。尽管激进主义运动失败了，马克思主义也陷入了内在的困境，欧文·豪仍然坚持，"马

---

① "Our Country and Our Culture," Vol.19, *Partisan Review*, No.5 (September–October 1952): 586.

第五章　作为学派的终结与批评的未来

克思主义对我而言似乎还是理解和创造历史的最有用的方法","即使我们如今陷入了争论,比起以往更能把我们团结在一起的信念,还是知识分子应该是一个依据自己完整的个性去独立思考和行动的人,一个保持自由以免受到种种国家力量支配的人,一个非利士们不断地发现其身上的破坏性、拥有自己的行话和惯例的爱挑剔的人"。①查·怀特·米尔斯的抵制更为彻底,他坚持认为大众文化剥夺了个性,抽空了拥有多姿多彩的人生的可能,而如果知识分子去适应这样的文化,必然会丧失对于人生的一切有价值的感知。诺曼·梅勒则尖锐地指出了这种和解对作家和知识分子的不利影响,坚信"伟大的艺术家——当然是现代人——几乎一直处于社会的对立面,那种融合、接纳、不疏离等,都曾经是更加有利于宣传而不是艺术"②。他认为,当作家失去了对他原本所疏离的事物的敏锐感觉,他才会真正陷入最严重的疏离,以至于难以再创作出洞察人生、感染公众的文学作品。但是,梅勒也不得不面对现实,即多斯·帕索斯、法雷尔、福克纳、斯坦贝克、

---

① "Our Country and Our Culture," *Partisan Review*, Vol.19, No.5 (September–October 1952): 577, 581.

② "Our Country and Our Culture," *Partisan Review*, Vol.19, No.3 (May–June 1952): 299.

作为主体的建构
纽约学派文化批评研究（1937—1952）

海明威这些主要作家已经从疏离转变为不同程度地接纳了这个美国的时代。欧文·豪后来在《大众社会与后现代小说》（1959）一文中也干脆宣布，激进的现代主义的时代已经结束了，文学和文化的先锋派的时代已经结束了。

二、从疏离到和解的时代定位

这种和解的出现，也是与纽约批评家社会身份的改变分不开的。如果说，20世纪50年代社会思潮的多元并存给纽约批评家带来了批评思想上的困惑，那么，他们在这个年代大多获得的稳定的大学教职也给他们带来了社会身份上的困惑。拉塞尔·雅各比（Russell Jacoby）在《最后的知识分子》（*The Last Intellectuals*，1987）一书中，最早提出了"公共知识分子"的概念。这种知识分子思想和写作的公共性，在50—60年代的美国随着大学普及时代的来临而大大地被削弱。卡津在《〈党派评论〉五十周年文集》中撰文回顾了这一令人恐慌的时代变化：

> 伴随着越来越专业化的生活方式，各学科的专家越来越倾向于把自己视为精英分子，而越来越少

第五章 作为学派的终结与批评的未来

把自己视为任何传统意义上作为思想的承担者和变革的推动力的知识分子；他们越来越倾向于鄙弃未经训练的大众。[1]

纽约批评家在20世纪50—60年代纷纷进入大学，固然是由于自由撰稿人和文学编辑的职业已经很难像从前那样满足他们的生存需要，但更主要的原因还是旧有的对批评的学术偏见已经减弱，学院的大门向他们敞开，文学批评的学科地位迅速地确立起来了。

《党派评论》这一类"小刊物"此时也建制化了，而且不再是纽约批评家唯一的核心话语平台，他们现在可以在各种各样的阵地上发表自己的看法。于是，纽约学派这一知识分子群体日益分散化，既无法从批评思想上再找到可以对抗的另一极，也无法从社会身份上共同保持疏离所具有的特殊意义。来自都市波希米亚群体的自由撰稿人和文学编辑进入学院体制，疏离本身也同样被建制化，成为社会可以接受的一种姿态，甚至出现了虚假的疏离。批评

---

[1] Alfred Kazin, "Fear of the Age: An Essay in Cultural Criticism," in *Partisan Review: The 50th Anniversary Edition*, William Phillips ed., New York: Stein and Day, 1985, p.237.

作为主体的建构
纽约学派文化批评研究（1937—1952）

家享受到了更好的社会地位，受到了更多的关注。

20世纪50年代已经是批评家的时代了。批评家依靠其不断生长的权威和神秘感，日益取代了文学家原来的位置。尽管纽约学派仍然坚持追求知识分子的独立自主，但是，他们逼近学术界和舆论界权势中心的过程，显然就是一个被建制化的过程，因而也就面临着作为一个文化激进主义群体丧失批判立场和反抗力量的可能。与此同时，就文学批评领域的自身发展而言，50年代也是神话批评崛起的时代。拉夫1953年明确指出，"历史的"象征着过程、不可阻挡的变化、连续不断的转换与创新，"神话的"是"历史的"的对立面，然而，50年代的历史运动太快了，思想渴望有永久的事物能够让它安定下来。[①] 尽管特里林此时还与神话批评保持了距离，但他的批评也逐渐远离了社会和历史。进入60年代，特里林对现代文学的阐释尽管还渗透着历史，但已不再是现实主义的和历史的批评，而是浪漫主义的和神话的批评了。他的社会—政治关注都回归到"自我"这个唯一的问题。他所谓的"超越文化"，也不再是抵制中产阶级文化，而是对现存文化

---

① Philip Rahv, "The Myth and the Powerhouse," in *Literature and the Sixth Sense*, Boston: Houghton Mifflin Company, 1970, pp.204–205.

第五章　作为学派的终结与批评的未来

的远离。这显然是一种激进的保守，艺术成为相对于历史的另一种选择。

正如他们是处在犹太移民经验的尾声一样，纽约批评家不仅处在现代主义经验的尾声，而且处在激进主义经验的尾声。欧文·豪认为，纽约批评家的狂热和不稳定，一个主要原因就是"他们来晚了"，他们由此而处在边缘、处在对立面，但这恰恰是纽约批评家最好的时光。[1]费德勒也认为他们来晚了，当艺术上的实验主义已经在全世界定型化和学术化时，严肃艺术如同马克思主义一样革命的观念已经很难再坚持下去，于是，纽约批评家为政治的、艺术的双重先锋所困扰。[2]他们既怀旧般地重返与他们的政治先锋观念背道而驰的20世纪20年代，又尖锐地曝露那些艺术上备受他们尊重的作家对中产阶级趣味的迎合。一些史学家试图把纽约批评家放到30年代美国文化生活中心的努力，完全是一个美丽的误会。

在促进文化统一的进程中，纽约学派在它特别的对手美国新批评派那里发现了重要的同盟者。新批评对形式

---

[1] Irving Howe, "The New York Intellectuals," in *Selected Writings, 1950–1990*, San Diego: Harcourt Brace Jovanovich, 1992, pp.243, 246.

[2] Leslie Fiedler, "'Partisan Review': Phoenix or Dodo?" in *The Collected Essays of Leslie Fiedler, Vol. II*, New York: Stein and Day, 1971, p.46.

作为主体的建构
纽约学派文化批评研究（1937—1952）

自足性的张扬，其实也是对批评自足性的张扬，也是对知识分子的独立自主地位的追求与捍卫。然而，也恰恰是新批评造成了现代主义文学的研究在美国大学的过度一体化，现代主义的反叛精神也随之建制化。如果一定要把纽约学派的和解看成是主动调整而非被迫退缩，看成是抢占拥有话语权的有利位置，从而继续推进文化激进主义的文学批评，那么，由于现代主义已经取得了胜利，纽约学派还是失去了为之抗争的文学对象，从为之辩护的激情转而为这样轻易的胜利感到焦虑。他们处在建制中而努力发出的非建制化话语，作为多元化的20世纪50年代中后期的一个组成部分，最终还是被纳入了建制，不再具有30年代末期至50年代前期两极化时代的群体批判力量。

纽约学派把政治激进主义和文化激进主义的最终失败，向内解释为知识分子的心理症候，向外提炼为始于1937年的关于知识分子阶层的讨论。他们曾经以疏离的姿态所拥有的文化批评的广阔视野，既是它的力量的源泉，也最终成为它的思想传播囿于一个狭小圈子的羁绊。由于这种姿态和视野，纽约学派虽然成功地抵制了文学批评建制化中非常重要而有效的代码化过程，却也因此没能像美国新批评派一样在学院教育中赢得可疑的成功和持久的影响。可以说，美国新批评派是由于成功地使文学研究建制化而走向了终结，新批评不新了；纽约学派则是由于现代主义文学本身成为主流，以至于激进主义精神失去存在价值而走向了终结，文化激进主义没有了方向。恰恰是因为文化激进主义的终结，纽约学派失去了作为一个群体的批判力量，甚至不再作为群体存在。

正如疏离不是完全与社会隔绝，和解也不是完全融入现实。特里林在批评生涯中关于"自我"的永恒话题，已经由20世纪30—40年代的重视社会—政治背景，转变为60—70年代的重视美学—形而上学维度。[1]他把"自我"作为唯一适用的文化阐释原点，不再关注现代社会的种种倾向。这种从社会的抽回，导致他在《诚与真》（*Sincerity and Authenticity*，1972）中给予个性的表现舞台比起《马修·阿诺德》（1939）狭小了很多。拉夫此时认为疏离的姿态并非源自先锋派，他希望批评至少能够做到和大众文化保持距离和不予以支持，即使不去积极遏制大众文化的持续扩张。

---

[1] Mark Krupnick, *Lionel Trilling and the Fate of Cultural Criticism*, Evanston: The Northwestern University Press, 1986, p.167.

作为主体的建构

纽约学派文化批评研究（1937—1952）

因为在历史上先锋派的实际表现，从19世纪早期的开端就是这样一种努力，即在现代主要社会力量所带来的疏离的种种境遇中，保持艺术和智识的完整性。先锋派曾经试图以各种方法避免疏离所带来的危害：拓展先锋派自己的传统，建立自己的规范和标准，抵制资产阶级和解的努力，以及必然形成的独立于大众的特质。[1]

尽管美国文学和文化的状况、知识分子的地位，以及纽约学派的立场在20世纪50年代都发生了转变，但纽约批评家最为关注的依然是社会人生，依然是文学与现实的关系。拉夫承认大众文化有一定的积极价值，作家受到了满足普通公众现实需要的利益驱动，但是，文学和文化上的先锋派才是绝大多数文学杰作诞生的动力之源，其不断创造和探险的精神也润泽了其他艺术。特里林也认可大众文化的存在价值和未来可能的良好前景，同时又坚持强调传统文化即知识分子精英文化的不可替代和新的发展。他不仅相信新近发展起来的知识分子阶层仍然是高级

---

[1] "Our Country and Our Culture," *Partisan Review*, Vol.19, No.3 (May–June 1952): 309–310.

第五章　作为学派的终结与批评的未来

文化的潜在的支持者和消费者,而且坚持相信知识分子理应介入生活的伦理批评观念。特里林此时还是强调,介入自己周围的生活,是一个有文学头脑的作家应该具有的正确观念。他在1952年那场关于美国与美国文化的著名讨论中指出:

> 关于艺术,人们也许不得不再次提起一个令人陌生和悲哀的事实,即艺术就是对于人生的批评。[①]

在疏离与和解之间折中和纠结的纽约批评家,既要坚守知识分子的独立自主,又要努力适应美国二战后的社会变革,以至于纽约学派再也无法继续保持明确的文化激进主义立场。

纽约学派20世纪从30年代末期至50年代前期的思想总体上是复杂的,有时甚至批评家们的具体观点彼此之间是冲突的,但是,他们作为一个批评家群体却是美国文化史,包括美国文学史和美国文学批评史在内的一个不可缺少的组成部分。纽约学派一贯强调的独立自主,在美国

[①] "Our Country and Our Culture," *Partisan Review*, Vol.19, No.3 (May–June 1952): 326.

作为主体的建构
纽约学派文化批评研究(1937—1952)

新批评派的文本自主那里能够获得精神上的回响。这也是两个学派都采取了知识分子精英主义立场的根由。因此,纽约学派和解的努力不仅是社会发展大势所趋,也遵循了其思想内在的逻辑。迈克尔·伍德在追溯20世纪美国文学批评时提出,布鲁克斯(Van Wyck Brooks)20年代文学批评著作中的社会环境分析和心理分析富于开拓性,已经具有了一种颇为自觉但尚未成熟的美国格调;帕灵顿随后对美国思想的探讨则结合了美国政治、经济和社会的发展历程,不限于较狭窄的纯文学领域;尽管此后的文学批评著作常常更精深、更复杂,也更全面,但是,"美国文学批评仍然多少有点像是一种文化批评,像讨论有关民族认同问题的一个组成部份。因此,批评的出路不在纯文学而在于其他文献资料与文化问题,而这两种方法、途径的相互结合是完全可能的"[①]。

美国马克思主义批评在20世纪70年代再次复苏之际,杰姆逊(Fredric Jameson)理想中的马克思主义批评,也涵盖了反思并打通马克思主义和形式主义的努力。从20世纪70年代的《马克思主义与形式》(*Marxism*

[①] [美]埃默里·埃利奥特主编:《哥伦比亚美国文学史》,朱通伯等译,四川辞书出版社,1994年,第835页。

第五章 作为学派的终结与批评的未来

and Form）到 2007 年的《现代主义论文集》(The Modernist Papers)，杰姆逊一直致力于推进马克思主义与形式主义之间的对话，审视二者之间的互渗互动关系，甚至就用"马克思主义与形式"概括自己的学术领域。他的早期著作《马克思主义与形式》《语言的牢笼》，本来就是一项学术成果被拆分成了两本书出版，二者之间具有不可割裂的内在逻辑关联。杰姆逊认为，既然文学是审美和政治的统一体，文学研究就应该融会形式批评和历史批评为一体，既可以由政治而审美，也可以由审美而政治。他更欣赏后者，希望建立一种真正的社会学文学批评，即"形式社会学"的文学批评。[1]杰姆逊坦言，"我历来主张从政治社会、历史的角度阅读艺术作品，但我决不认为这是着手点。相反，人们应该从审美开始，关注纯粹美学的、形式的问题，然后在这些分析的终点与政治相遇。"简言之，就是"穿越种种形式的、美学的问题而最后达致某种政治判断"。[2]即便如此，他还是意识到马克思主义和形式主义历史观的不同，以及建构文学批评的理想模式所面

---

[1] ［美］弗雷德里克·詹姆逊：《语言的牢笼》，钱佼汝译，百花洲文艺出版社，1995 年，第 80 页。
[2] ［美］詹明信：《晚期资本主义的文化逻辑》，陈清侨等译，生活·读书·新知三联书店、牛津大学出版社，1997 年，第 7 页。

作为主体的建构
纽约学派文化批评研究（1937—1952）

临的挑战。马克思主义的历史是社会的、经济的或生产方式的历史；形式主义的历史只能说是文学惯例或语言的历史，"等同于文学变化的黑格尔式模式"，即"将自身当作本身有权存在的一种历史理论"[1]。杰姆逊选择以马克思主义文学批评的社会历史维度，为形式批评这种文学研究的内在拓展提供一个理论基石，通过形式来追寻文学作品的历史内蕴，从而实现历史与形式的沟通。

尽管如此，我们必须看到纽约学派所具有的独特价值。他们倡导建立了文学和文化的基本联系，刺激了欧洲思想流入美国，重估了美国传统文学和文化，坚持成为一个在一定程度上广泛分享文化和政治兴趣的知识分子群体，致力于发展成熟的新的美国文学和文化。他们在新批评的汹涌大潮中坚守文化批评，强调主体的创造性和能动性，重视认识过程中主体和客体的相互关系，不仅对于美国传统社会—历史批评的实证倾向和机械教条的弊端起到了纠偏作用，也中和了过分强调客观决定论的文学的外部研究，以及过分强调审美特性的文学的内部研究。他们对于"文学何为""批评何为"的追问，不但是在探寻文学

---

[1] ［美］弗雷德里克·詹姆逊：《马克思主义与形式》，李自修译，百花洲文艺出版社，1995年，第273—274页。

第五章　作为学派的终结与批评的未来

和文学批评的要义与走向，也是在思考知识分子的生存状态与未来命运。

纽约学派的文化批评始终处于一种探索的过程中，因为他们始终在寻求一种兼各家之所长的理想的批评方法。所以，纽约学派无论对马克思主义、弗洛伊德主义，还是对美国新批评派的形式主义，都有所赞赏，也有所批判。纽约学派在文化批评上的这种多元主义观念，容易被斥为折中、调和、无立场。同时，这种兼容并包的批评理想，比起美国新批评派那种执于一端的批评理想，更加难于实现且难于实践。因此，纽约学派最终也没有形成一个统一的批评理论体系。然而，这种努力的本身意义深远，并且产生了一些具体而有益的批评观念，同时由于纽约学派与美国新批评派的兴衰同时，它也就与美国新批评派一起呈现了 20 世纪 30—50 年代美国文学批评领域向各个方向突进的发展态势。在批评理论日益翻新的今天，如果我们既要跳出形式主义专注文本的细读式批评的拘囿，又要避免对经典作品进行盲目的文化解构和宽泛的文化阐释，纽约学派的文化批评所包蕴的对社会、人生、历史及与文学的错综关系的思考，无疑提供了一种有价值的参照。

三、艺术与文化的新景观

自从20世纪80年代"文化热"勃兴以来，在艺术批评中，文化的维度介入日渐理论化和体系化。文化批评在中国当代美学和艺术学领域已成为显学。就广义上的文化批评而言，从外部理论资源上，进入21世纪的中国学界仍然置身于法兰克福学派、伯明翰学派博弈与交融的强大气场中。我们也在不断地放开眼界，寻找更切合中国实际的参照。除了与美国新批评派同时盛衰带来的交流、碰撞与比照，纽约学派也是可以与法兰克福学派、伯明翰学派相对照的一种文化批评，它与这两个学派的批评立场迥然不同。纽约批评家作为一个群体展现出来的批评价值，是非常值得细细挖掘的。

显然，进入21世纪，面对艺术的泛化与文化批评的泛化，不能简单地套用任何一种西方理论来审视中国的艺术现实。否定性批判和后发性解读的方式，都不足够契合，也不可能满足推动中国当代艺术与文化进程的需要。如果说法兰克福学派是定位于作为他者的文化批判，伯明翰学派是定位于作为分析者的文化研究，那么，纽约学派就是定位于作为主体建构者的文化批评。正如我们在讨论纽约学派的文化激进主义时所强调的，这些批评家从事文学批评（包括其他艺术领域的批评）的最终目的是促进美国文化的变革。按照纽约学派的观点，"完美的激进主义分子是摆脱一切派系、教条、成见俗套和组织运动的人，是阐明种种问题而不求权势的人，是以培养个人的超然独立来丰富现代文化和社会主义理想的人"。[1] 纽约学派既重视文化在与经济生产和政治社会关系的关联中得到的艺术阐释和说明，也不忽视艺术作品特定的形式表现、美学特征和思想表达。在纽约批评家用力最多的文学批评领域，以及以麦克唐纳、格林伯格为代表的其他艺术批评领域，艺术对于文化的建构性思维品格得到了合理的关注。

---

[1] ［美］理查德·H. 佩尔斯：《激进的理想与美国之梦——大萧条岁月中的文化和社会思想》，卢允中、严撷芸、吕佩英译，上海外语教育出版社，1992年，第405页。

参考文献

一、外文文献

1. Edmund Wilson, *I Thought of Daisy*, New York: C. Scribner's Sons, 1929.

2. Edmund Wilson, *Axel's Castle: A Study in the Imaginative Literature of 1870−1930*, London: Fontana Paperbacks, 1931.

3. Edmund Wilson, *The Triple Thinkers: Twelve Essays on Literary Subjects*, New York: Octagon Books, 1977.

4. Edmund Wilson, *To the Finland Station: A Study in the Writing and Acting of History*, New York: Harcourt, Brace and Co., 1940.

5. Edmund Wilson, *The Wound and the Bow: Seven Studies in Literature*, New York: Farrar Straus Giroux, 1978.

6. Edmund Wilson, *The Shock of Recognition: The Development of Literature in the United States Recorded by the Men Who*

Made It, New York: Doubleday, Doran and Company, Inc., 1943.

7. Edmund Wilson, *Classics and Commercials: A Literary Chronicle of the Forties*, London : W. H. Allen, 1951.

8. Edmund Wilson, *The Shores of Light: A Literary Chronicle of the 1920s and 1930s*, New York: Farrar Straus Giroux, 1952.

9. Edmund Wilson, *The Twenties: From Notebooks and Diaries of the Period*, Leon Edel ed., New York: Farrar, Straus and Giroux, 1975.

10. Edmund Wilson, *Edmund Wilson: Letters on Literature and Politics 1912–1972*, Elena Wilson ed., New York: Farrar Straus Giroux, 1977.

11. Lionel Trilling, *Matthew Arnold: With an Additional Essay "Matthew Arnold, Poet"*, New York and London: Harcourt Brace Jovanovich, 1977.

12. Lionel Trilling, *E. M. Forster*, Norfolk, Connecticut: New Directions, 1943.

13. Lionel Trilling, *The Liberal Imagination: Essays on Literature and Society*, New York: Charles Scribner's Sons, 1976.

14. Lionel Trilling, *The Opposing Self: Nine Essays in Criti-*

cism, New York: Viking Press, 1955.

15. Lionel Trilling, *Beyond Culture: Essays on Literature and Learning*, New York: Harcourt Brace Jovanovich, 1963.

16. Lionel Trilling, *Sincerity and Authenticity*, Cambridge, Mass: Harvard University Press, 1972.

17. Lionel Trilling, *The Last Decade: Essays and Reviews 1965-75*, Diana Trilling ed., New York: Harcourt Brace Jovanovich, 1979.

18. Lionel Trilling, *Prefaces to the Experience of Literature*, New York and London: Harcourt Brace Jovanovich, 1981.

19. Alfred Kazin, *On Native Grounds: An Interpretation of Modern American Prose Literature*, New York: Reynal & Hitchcock, 1942.

20. Alfred Kazin, *Contemporaries*, Boston: Little, Brown, 1962.

21. Alfred Kazin, *Bright Book of Life: American Novelists and Storytellers from Hemingway to Mailer*, Notre Dame: University of Notre Dame Press, 1980.

22. Alfred Kazin, *An American Procession*, New York: Alfred A. Knopf, Inc., 1984.

23. Philip Rahv, *Image and Idea: Fourteen Essays on Literary Themes*, New York: New Directions, 1949.

24. Philip Rahv, *Literature in America: An Anthology of Literary Criticism*, Gloucester, Mass.: P. Smith, 1957.

25. Philip Rahv, *Literature and the Sixth Sense*, Boston: Houghton Mifflin Company, 1970.

26. Philip Rahv, *Essays on Literature and Politics, 1932–1972*, Arabel J. Porter & J. Dvosin eds., Boston: Houghton Mifflin, 1978.

27. Irving Howe, *The Critical Point: On Literature and Culture*, New York: Horizon Press, 1973.

28. Irving Howe, *Celebrations and Attacks: Thirty Years of Literary and Cultural Commentary*, New York: Harcourt Brace Jovanovich, 1979.

29. Irving Howe, *A Margin of Hope: An Intellectual Autobiography*, New York: Harcourt Brace Jovanovich, 1982.

30. Irving Howe, *Socialism and America*, New York: Harcourt Brace Jovanovich, 1985.

31. Irving Howe, *Selected Writings, 1950–1990*, San Diego: Harcourt Brace Jovanovich, 1992.

32. Irving Howe, *A Critic's Notebook*, Nicholas Howe ed., New York: Harcourt Brace, 1994.

33. Richard Chase, *Emily Dickinson*, New York: Dell, 1951.

34. Richard Chase, *The American Novel and Its Tradition*, Baltimore: Johns Hopkins University Press, 1957.

35. Leslie Fiedler, *An End to Innocence: Essays on Culture and Politics*, Boston: Beacon Press, 1955.

36. Leslie Fiedler, *Love and Death in the American Novel*, New York: Stein and Day, 1966.

37. Leslie Fiedler, *The Collected Essays of Leslie Fiedler*, New York: Stein and Day, 1971.

38. Dwight Macdonald, *Memoirs of A Revolutionist: Essays in Political Criticism*, New York: Meridian Books, 1958.

39. William Phillips & Philip Rahv eds., *The Partisan Reader: Ten Years of Partisan Review 1934–1944: An Anthology*, New York: The Dial Press, 1946.

40. William Phillips ed., *Partisan Review: The 50th Anniversary Edition*, New York: Stein and Day, 1985.

41. Matthew Arnold, *Essays in Criticism, First Series*, London: Macmillan, 1928.

42. T. S. Eliot, *To Criticize the Critic and Other Writings*, London: Faber and Faber, 1965.

二、外文相关资料

1. V. F. Calverton, *The Liberation of American Literature*, New York: Charles Scribnerp's Sons, 1932.

2. Granville Hicks, Joseph North, Michael Gold, et al eds., *Proletarian Literature in the United States*, New York: International Publishers, 1935.

3. Earl Browder, *Communism in the United States*, New York: International Publishers, 1935.

4. William Bradley Otis & Morris H. Needleman, *A Refutation of Mr. Lionel Trilling*, New York, 1943.

5. John Henry Raleigh, *Matthew Arnold and American Culture*, Berkeley: University of California Press, 1957.

6. Daniel Aaron, *Writers on the Left: Episodes in American Literary Communism*, New York: Harcourt, Brace & World, 1961.

7. Sherman Paul, *Edmund Wilson: A Study of Literary Vocation in Our Time*, Urbana: University of Illinois Press, 1965.

8. James Gilbert, "Literature and Revolution in the United States: The Partisan Review," in Walter Laqueur & George L. Mosse eds., *Literature and Politics in the Twentieth Century*, New York : Harper & Row, 1967.

9. James Gilbert, *Writers and Partisans: A History of Literary Radicalism in America*, New York: Columbia University Press, 1992.

10. Warner Berthoff, *Edmund Wilson*, Minneapolis: University of Minnesota Press, 1968.

11. Granville Hicks, *The Great Tradition: An Interpretation of American Literature Since the Civil War*, Chicago: Quadrangle Books, 1969.

12. Leonard Kriegel, *Edmund Wilson*, Carbondale: Southern Illinois University Press; London: Feffer & Simons, 1971.

13. Nathan A. Scott, Jr., *Three American Moralists: Mailer, Bellow, Trilling*, Notre Dame: University of Notre Dame Press, 1973.

14. Leon Edel, "A Portrait of Edmund Wilson," in Edmund Wilson, *The Twenties: From Notebooks and Diaries of the Period*, Leon Edel ed., New York: Farrar , Straus and Giroux, 1975.

15. Diana Trilling, *Reviewing the Forties*, New York: Harcourt Brace Jovanovich, 1978.

16. Frederick Crews, "The Partisan," *The New York Review of Books*, No.18 (November 23), 1978.

17. Grant Webster, "New York Intellectuals: The Bourgeois Avant-Garde," in *The Republic of Letters: A History of Postwar American Literary Opinion*, Baltimore and London: The Johns Hopkins University Press, 1979.

18. William M. Chace, *Lionel Trilling: Criticism and Politics*, Stanford: Stanford University Press, 1980.

19. Richard Pells, *The Liberal Mind in a Conservative Age: American Intellectuals in the 1940s and 1950s*, New York: Harper and Row, 1985.

20. Mark Krupnick, *Lionel Trilling and the Fate of Cultural Criticism*, Evanston: The Northwestern University Press, 1986.

21. Terry A. Cooney, *The Rise of the New York Intellectuals: Partisan Review and Its Circle, 1934−1945*, Madison: The University of Wisconsin Press, 1986.

22. Alexander Bloom, *Prodigal Sons: The New York Intellectuals & Their World*, New York: Oxford University Press,

1986.

23. Alan Wald, *The New York Intellectuals: The Rise and Decline of the Anti-Stalinist Left from the 1930s to the 1980s*, Chapel Hill: University of North Carolina Press, 1987.

24. Vincent B. Leitch, *American Literary Criticism from the Thirties to the Eighties*, New York: Columbia University Press, 1988.

25. Kamalini Dravid, *Acculturation of Anti-culture: A Study of Trilling's Beyond Culture*, New Delhi: Associated Publishing House, 1989.

26. Janet Groth, *Edmund Wilson: A Critic of Our Time*, Athens: Ohio University Press, 1989.

27. Neil Jumonville, *Critical Crossings: The New York Intellectuals in Postwar America*, Berkeley: University of California Press, 1991.

28. Michael Wreszin, *A Rebel in Defense of Tradition: The Life and Politics of Dwight Macdonald*, New York: Basic Books, 1994.

29. Hugh Wilford, *The New York Intellectuals: From Vanguard to Institution*, Manchester: Manchester University Press,

1995.

30. Lewis M. Dabney, *The Edmund Wilson Reader*, New York: Da Capo Press, 1997.

31. Morris Dickstein, *Gates of Eden: American Culture in the Sixties*, Cambridge: Harvard University Press, 1997.

32. Joseph Dorman, *Arguing the World: The New York Intellectuals in Their Own Words*, Chicago: The University of Chicago Press, 2001.

33. Mark Krupnick, *Jewish Writing and the Deep Places of the Imagination*, Jean K. Carney & Mark Shechner eds., London: The University of Wisconsin Press, 2005.

34. Lewis M. Dabney, *Edmund Wilson: A Life in Literature*, New York: Farrar, Straus and Giroux, 2005.

三、中文文献

译著与译文

1. ［美］A. 卡静:《现代美国文艺思潮》，冯亦代译，上海：晨光出版公司，1949年版。

2. ［美］莱斯利·费德勒:《文化与政治》，邵德润、刘光炎、邓公玄译,台北:中华文化出版事业社,1960年版。

3. [美]莱斯利·费德勒:《文学是什么?——高雅文化与大众社会》,陆扬译,南京:译林出版社,2011年版。

4. [美]威尔森:《文学评论精选——威尔森文学评论集》,蔡伸章译,台北:志文出版社,1977年版。

5. [美]埃德蒙·威尔逊:《爱国者之血:美国南北战争时期的文学》,胡曙中、王競、夏平等译,上海:上海外语教育出版社,1993年版。

6. [美]艾德蒙·威尔森:《到芬兰车站》,刘森尧译,台北:麦田出版社,2000年版。

7. [美]埃德蒙·威尔逊:《阿克瑟尔的城堡:1870年至1930年的想象文学研究》,黄念欣译,南京:江苏教育出版社,2006年版。

8. [美]莱昂内尔·特里林:《诚与真:诺顿演讲集,1969—1970年》,刘佳林译,南京:江苏教育出版社,2006年版。

9. [美]莱昂内尔·特里林:《文学体验导引》,余婉卉、张箭飞译,南京:译林出版社,2011年版。

10. [美]莱昂内尔·特里林:《知性乃道德职责》,

严志军、张沫译，南京：译林出版社，2011年版。

11. ［美］欧文·豪:《父辈的世界》，王海良、赵立行译，上海：上海三联书店，1995年版。

12. ［美］克莱门特·格林伯格:《艺术与文化》，沈语冰译，桂林：广西师范大学出版社，2009年版。

13. ［美］克莱门特·格林伯格:《先锋派与庸俗艺术》，载［法］福柯、［德］哈贝马斯、［法］布尔迪厄等《激进的美学锋芒》，周宪译，北京：中国人民大学出版社，2003年版。

14. ［美］克莱门特·格林伯格:《现代主义绘画》，载［法］福柯、［德］哈贝马斯、［法］布尔迪厄等《激进的美学锋芒》，周宪译，北京：中国人民大学出版社，2003年版。

15. ［美］格林伯格:《前卫艺术与庸俗文化》，载易英主编《纽约的没落》，易英译，石家庄：河北美术出版社，2004年版。

16. ［美］克莱门特·格林伯格:《前卫与媚俗》，秦兆凯译，《美术观察》2007年第5期。

17. ［美］克莱门特·格林伯格:《前卫艺术在何方？》，杨冰莹译，《世界艺术》2009年第5期。

18.［美］艾德蒙·威尔逊:《厄纳斯特·海明威初露头角》,载董衡巽编选《海明威研究》,北京:中国社会科学出版社,1980年版。

19.［美］艾德蒙·威尔逊:《漫谈简·奥斯丁》,载朱虹编选《奥斯丁研究》,北京:中国文联出版公司,1985年版。

20.［美］莱昂内尔·特里林:《弗洛伊德与文学》,刘半九译,《美国文学丛刊》1981年第1期。

21.［美］利奥纳尔·特里林:《曼斯菲尔德庄园》,载朱虹编选《奥斯丁研究》,北京:中国文联出版公司,1985年版。

22.［美］莱昂内尔·特里林:《逃亡者的一次聚会》(片段),载［英］拉曼·塞尔登编《文学批评理论——从柏拉图到现在》,刘象愚、陈永国等译,北京:北京大学出版社,2003年版。

23.［美］莱昂内尔·特里林:《超越文化》(片段),载［英］拉曼·塞尔登编《文学批评理论——从柏拉图到现在》,刘象愚、陈永国等译,北京:北京大学出版社,2003年版。

24.［美］腓·拉甫:《苍白脸和红皮肤》,赵萝蕤译,

《美国文学丛刊》1981年第2期。

论著与论文

1. 梁建东、章颜：《埃德蒙·威尔逊的城堡》，上海：上海三联书店，2012年版。

2. 魏燕：《艾尔弗雷德·卡津》，南京：译林出版社，2012年版。

3. 严志军：《莱昂内尔·特里林》，南京：译林出版社，2013年版。

4. 邵珊、季海宏：《埃德蒙·威尔逊》，南京：译林出版社，2013年版。

5. 张瑞华：《菲利普·拉夫》，南京：译林出版社，2013年版。

6. 叶红、秦海花：《欧文·豪》，南京：译林出版社，2013年版。

7. 杨涓：《艺术为人人——罗斯福"新政"时期的艺术计划（1933—1943）》，南京：江苏凤凰美术出版社，2020年版。

8. 李云：《寻找现代美国身份：纽约图像与纽约经验》，南京：江苏凤凰美术出版社，2020年版。

9. 张梦阳:《两次世界大战期间的美国非裔艺术》,南京:江苏凤凰美术出版社,2020年版。

10. 王婷婷:《美国实验影像艺术研究(1943—2000)》,南京:江苏凤凰美术出版社,2020年版。

11. 封帆:《神祇与天真:赛·汤布利的古典世界》,南京:江苏凤凰美术出版社,2020年版。

12. 张敢:《绘画的胜利还是美国的胜利?——美国抽象表现主义绘画研究》,南京:江苏凤凰美术出版社,2021年版。

13. 刘雪岚:《超越文化:莱昂内尔·特里林和他的文学批评思想》,厦门大学博士学位论文,2000年。

14. 缪斯:《纽约知识分子视野中的前卫——〈党派评论〉与美国现代艺术的崛起:1934—1969》,中央美术学院博士学位论文,2019年。

15. 程晓雪:《莱昂内尔·特里林文学批评中的人文主义思想研究》,四川外语学院硕士学位论文,2011年。

16. 董鼎山:《〈党派评论〉与〈巴黎评论〉》,《读书》1982年第7期。

17. 王佐良:《艾德蒙·威尔逊书信》,《美国研究》1987年第1期。

18. 梯姆:《爱德蒙·威尔逊:一位道地 intellectual 的写照》,《读书》1989年第Z1期。

19. 蒋洪生:《艾尔弗雷德·卡津:扎根故土》,《中华读书报》1999年1月20日。

20. 黄灿然:《〈党派评论〉停刊》,《经济观察报》2003年5月12日。

21. 宋明炜:《文学经验与文化危机——关于特里林的笔记》,《上海文学》2003年第10期。

22. 严志军:《文明与个体的对峙与互动》,《江苏社会科学》2004年第1期。

23. 阮炜:《特里林:非意识形态的想象》,载郭继德主编《美国文学研究》(第二辑),济南:山东大学出版社,2004年5月。

24. 竹夕:《威尔逊的新传记》,《外国文学评论》2006年第2期。

25. 叶红:《欧文·豪——一位不该被历史风尘淹没的当代美国社会文化批评家》,《外国文学动态》2006年第2期。

26. 邵珊:《神话的解读:走近大众的文学批评——威尔逊文学批评观探析》,《四川外语学院学报》2006年

3期。

27. 邵珊：《半个世纪美国文学史的鲜活写照——介绍威尔逊的新传记》，《外国文学动态》2006年第5期。

28. 邵珊：《走向文明的批评：现实与诗性之间——论埃·威尔逊的批评观》，《南京师大学报（社会科学版）》2006年第6期。

29. 吴琼：《在政治与想像之间——美国马克思主义文论史略》，《国外理论动态》2005年第12期。

30. 吴琼：《"纽约文人"：一个被遗忘的文学批评部落》，《中国人民大学学报》2006年第3期。

31. 丁宏为：《不朽的颂歌：两位评论家之间的思想空间》，《国外文学》2007年第2期。

32. 刘雪岚、肖静：《"道德现实主义"的想象——解读莱昂内尔·特里林的小说创作》，《世界文学》2007年第4期。

33. 刘雪岚：《批评的想象力——重读特里林〈自由主义的想象〉》，《外国文学动态研究》2019年第6期。

34. 魏燕：《站在犹太传统和美国文化之间——艾尔弗雷德·卡津的文学批评思想述评》，《外国文学评论》2007年第4期。

35.邓艮:《那巨大的一团：威尔逊式的文学批评》,《书城》2007年第5期。

36.李权文:《论特里林的"世态、道德"观》,《科教文汇（下旬刊）》2008年第3期。

37.张瑞华:《菲利普·拉夫的文学批评思想》,《南京师大学报（社会科学版）》2008年第2期。

38.段俊晖:《评特里林的批判性自由人文观》,《西南大学学报（社会科学版）》2009年第1期。

39.严志军、张沫:《莱昂内尔·特里林的文学教育观》,《译林》2009年第1期。

40.陈萍:《文学与自我：浅析特里林对弗洛伊德文学观的阐释》,《外国语文》2009年第5期。

41.沈语冰:《现代艺术理论与批评人物志之格林伯格》,《荣宝斋》2010年第6期。

42.王春辰:《格林伯格能否成为我们的参照？》,《文艺研究》2010年第9期。

43.祖国霞:《从激进到保守：20世纪美国纽约知识分子的思想历程》,《山东社会科学》2011年第1期。

44.浦惠红、张瑞华:《纽约知识分子及其对现代主义文学的捍卫》,《学术论坛》2011年第6期。

45. 缪斯:《纽约知识分子的前卫艺术观念》,《世界美术》2019年第4期。

四、中文相关资料

1. [英] 安诺德:《安诺德文学评论选集——"评荷马史诗的译本"及其他》,殷葆瑺译,北京：人民文学出版社，1958年版。

2. [美] 李查德·霍夫斯塔特:《美国政治传统与其塑造者》,王世宪译,台北：台湾商务印书馆,1979年版。

3. [英] 佩里·安德森:《西方马克思主义探讨》,高铦、文贯中、魏章玲译,北京：人民出版社,1981年版。

4. [英] 马库斯·坎利夫:《美国的文学》,方杰译,北京：美国大使馆文化处,1983年版。

5. [美] 威勒德·索普:《二十世纪美国文学》,濮阳翔、李成秀译,北京：北京师范大学出版社,1984年版。

6. [美] 弗雷德里克·J. 霍夫曼:《弗洛伊德主义与文学思想》,王宁、谭大立、赵建红译,北京：生活·读书·新知三联书店,1987年版。

7. [英] 雷蒙德·威廉斯:《文化与社会》,吴松江、张文定译，北京：北京大学出版社，1991年版。

8.［美］罗德·霍顿、赫伯特·爱德华兹:《美国文学思想背景》，房炜、孟昭庆译，北京：人民文学出版社，1991年版。

9.［美］李普塞:《政治人》，张明贵译，台北：桂冠图书股份有限公司，1991年版。

10.［美］理查德·H.佩尔斯:《激进的理想与美国之梦——大萧条岁月中的文化和社会思想》，卢允中、严撷芸、吕佩英译，上海：上海外语教育出版社，1992年版。

11.［英］托·斯·艾略特:《艾略特文学论文集》，李赋宁译注，南昌：百花洲文艺出版社，1994年版。

12.［美］埃默里·埃利奥特主编:《哥伦比亚美国文学史》，朱通伯等译，成都：四川辞书出版社，1994年版。

13.［美］纳尔逊·曼弗雷德·布莱克:《美国社会生活与思想史》（上册），许季鸿、聂文杞、魏孟淇、罗晓、宋蜀碧、陈凤鸣译，北京：商务印书馆，1994年版。

14.［美］纳尔逊·曼弗雷德·布莱克:《美国社会生活与思想史》（下册），许季鸿、宋蜀碧、陈凤鸣译，北京：商务印书馆，1997年版。

15.［美］弗雷德里克·詹姆逊:《语言的牢笼·马克

思主义与形式》，钱佼汝、李自修译，南昌：百花洲文艺出版社，1995年版。

16. ［美］詹明信:《晚期资本主义的文化逻辑》，陈清侨等译，北京：生活·读书·新知三联书店、牛津大学出版社，1997年版。

17. ［英］F. R. 利维斯:《伟大的传统》，袁伟译，北京：生活·读书·新知三联书店，2002年版。

18. ［美］沃浓·路易·帕灵顿:《美国思想史（1620—1920）》，陈永国、李增、郭乙瑶译，长春：吉林人民出版社，2002年版。

19. ［美］布鲁斯·罗宾斯编著:《知识分子：美学、政治与学术》，王文斌、陆如钢、陈玉涓、林波译，南京：江苏人民出版社，2002年版。

20. ［美］拉塞尔·雅各比:《最后的知识分子》，洪洁译，南京：江苏人民出版社，2002年版。

21. ［美］爱德华·W. 萨义德:《知识分子论》，单德兴译，北京：生活·读书·新知三联书店，2002年版。

22. ［英］保罗·约翰逊:《知识分子》，杨正润、孟冰纯、赵育春、施敏译，南京：江苏人民出版社，2003年版。

23.［法］J. 贝尔曼 - 诺埃尔：《文学文本的精神分析——弗洛伊德影响下的文学批评解析导论》，李书红译，天津：天津人民出版社，2004 年版。

24.［美］勒内·韦勒克、奥斯汀·沃伦：《文学理论》，刘象愚、邢培明、陈圣生、李哲明译，南京：江苏教育出版社，2005 年版。

25.［美］约翰·克罗·兰色姆：《新批评》，王腊宝、张哲译，南京：江苏教育出版社，2006 年版。

26.［美］莫里斯·迪克斯坦：《伊甸园之门：六十年代的美国文化》，方晓光译，南京：译林出版社，2007 年版。

27.［英］马修·阿诺德：《文化与无政府状态——政治与社会批评》，韩敏中译，北京：生活·读书·新知三联书店，2008 年版。

28.［美］克林斯·布鲁克斯、罗伯特·潘·沃伦：《小说鉴赏》，主万、冯亦代、丰子恺、草婴、汝龙等译，北京：世界图书出版公司，2008 年版。

29.［美］克林斯·布鲁克斯：《精致的瓮——诗歌结构研究》，郭乙瑶、王楠、姜小卫等译，上海：上海人民出版社，2008 年版。

30. [美]萨克文·伯科维奇主编:《剑桥美国文学史(第八卷)·诗歌和文学批评：1940年—1995年》,杨仁敬、詹树魁、蔡春露、甘文平主译,北京：中央编译出版社,2008年版。

31. [美]雷纳·韦勒克:《近代文学批评史》,杨自伍译,上海：上海译文出版社,2009年版。

32. [英]舍勒肯斯:《美学与道德》,王柯平、高艳萍、魏怡译,成都：四川人民出版社,2009年版。

33. [美]理查德·罗蒂:《筑就我们的国家：20世纪美国左派思想》,黄宗英译,北京：生活·读书·新知三联书店,2014年版。

34. [美]保罗·德曼:《美国新批评的形式与意向》,周颖译,《外国文学》2001年第2期。

35. 盛宁:《二十世纪美国文论》,北京：北京大学出版社,1994年版。

36. 赵一凡:《美国文化批评集》,北京：生活·读书·新知三联书店,1994年版。

37. 王宁:《后现代主义之后》,北京：中国文学出版社,1998年版。

38. 罗钢、刘象愚主编:《文化研究读本》,北京：中国社会科学出版社，2000年版。

39. 赵毅衡编选:《"新批评"文集》，天津：百花文艺出版社，2001年版。

40. 沈语冰:《二十世纪艺术批评》，杭州：中国美术学院出版社，2003年版。

41. 虞建华等:《美国文学的第二次繁荣——20世纪二三十年代的美国文化思潮和文学表达》，上海：上海外语教育出版社，2003年版。

42. 张涛:《美国学运动研究》，北京：商务印书馆，2004年版。

43. 支宇:《文学批评的批评——韦勒克文学理论研究》，北京：中国社会科学出版社，2004年版。

44. 程巍:《中产阶级的孩子们——60年代与文化领导权》，北京：生活·读书·新知三联书店，2006年版。

45. 刘守兰:《狄金森研究》，上海：上海外语教育出版社，2006年版。

46. 钱满素:《美国自由主义的历史变迁》，北京：生活·读书·新知三联书店，2006年版。

47. 钱满素:《钱满素文化选论》，上海：复旦大学出版社，2007年版。

48. 钱满素:《美国文明散论》,北京：东方出版社,2010年版。

49. 宋明炜:《德尔莫的礼物》,上海：上海书店出版社,2007年版。

50. 刘锋:《〈圣经〉的文学性诠释与希伯来精神的探求——马修·阿诺德宗教思想研究》,北京：北京大学出版社,2007年版。

51. 陈永国:《理论的逃逸》,北京：北京大学出版社,2008年版。

52. 赵毅衡:《重访新批评》,天津：百花文艺出版社,2009年版。

53. 刘继:《法兰克福学派对文化的批判》,《哲学研究》1986年第5期。

54. 盛宁:《试论当代美国文学批评的发展倾向》,《外国文学评论》1988年第1期。

55. 何宁:《T. S. 艾略特的美国性》,《当代外国文学》2000年第2期。

56. 顾钧:《艾略特文评研究三题》,《国外文学》2002年第3期。

57. 聂珍钊:《文学伦理学批评：文学批评方法新探

索》,《外国文学研究》2004年第5期。

58. 刘英:《回归抑或转向:后现代语境下的美国文学伦理学批评》,《南开学报(哲学社会科学版)》2006年第5期。

59. 方维规:《"Intellectual"的中国版本》,《中国社会科学》2006年第5期。

60. 汪正龙:《马克思主义与形式主义对话的可能性——西方二十世纪马克思主义文论与形式主义文论关系初探》,《文艺理论研究》2008年第3期。

61. 王予霞:《20世纪美国左翼文学思潮研究综述》,《文艺理论与批评》2009年第3期。

62. 王予霞:《无法开释的左翼情结——玛丽·麦卡锡创作研究》,《文艺理论与批评》2010年第2期。

后　记

　　读完罗新老师《漫长的余生：一个北魏宫女和她的时代》（北京日报出版社，2022年）最后一页的一瞬间，我突然有了写"后记"的冲动。这本关于纽约学派的书是我的博士学位论文，它的修订出版距离我开始写它已经过去了15年。真是一段不短的人生！

　　2008年6月，我在以雅各布森"文学性"范畴研究为题通过了资格考试之后，决心试着重新找一个博士学位论文题目，导师董学文教授也大胆放手。于是，我开始在图书馆四处游荡，翻看中外文论书籍。不久就在盛宁老师的《二十世纪美国文论》（北京大学出版社，1994年）中找到了它，一个活跃在纽约的批评家群体。这本书不仅把威尔逊和帕灵顿放在同一节里，讨论他们对美国文学的文化历史批评，而且在论及二战后的美国文学批评时，为这个群体专设了一节——"'纽约批评家'：拉夫、特里林、

后 记

卡津、蔡斯等",给予了他们与其他8节如新批评、神话研究和原型批评、现象学和存在主义对批评的渗透、结构主义的诗学等同等重要的历史位置。为了"保险"起见,我把自己博士学位论文的研究范围圈定为纽约批评家用力最多的文学批评领域,并且主要在与美国新批评派的比照中展开讨论。

从发现选题的兴奋到遍寻英文一手资料的各种惊喜,再到将论文设计架构与各种资料不断磨合,更不用说与迫近写作尾声时常常袭来的虚无感进行抗争,我度过了难以言说但充实而美好的两年。幸好有未名湖,以及研究克里斯特娃的同年级师弟崔柯博士共同进退,2010年5月的最后一天,这段时光在答辩通过的那一瞬间被画上了句号,不可复返。我也与我在一日一日的写作中逐渐确立起来的"纽约学派"暂时告别,在这一年的秋季,追随博士后合作导师仲呈祥研究员奔向了电视剧批评的新天地。

2010年至2015年,我集中写了不少评论文章,先后涉足了电视剧、电影、戏曲、美术、音乐等艺术领域。2018年9月,在中国文学艺术基金会的支持下,出版了我的第一本评论集《建构之维:文化批评与当代艺术》。这里的"建构之维"指向的就是本书的正书名——"作为

作为主体的建构

纽约学派文化批评研究（1937—1952）

主体的建构"。这个正书名作为一种"后见"之明，是我在做博士后期间发表的《弘扬艺术对于文化的建设性思维品格——兼论纽约学派的文化批评》（2014）一文中才首次提出的。这既是我为自己各艺术领域的评论文章梳理出的一个理论立场，也是我延续了自己对纽约学派的思考，为2010年底以来陆续发表的5篇关于纽约学派的文章所作的收尾。

因为总是只顾眼前的学习与工作，未能及早按原有的宏大计划启动修改，纽约学派一书的出版一再延宕。2023年春节前后，突然觉得有必要做个了结，有必要让纽约学派的文化批评见证一下今天的现实。经历了2016年1月以来近8年的编辑生涯，我亲手做出60余本学术著作，现在端详着博士学位论文那曾经硬朗的、潜意识里在与答辩组斗争型的写作风格，仿佛看见了当年的自己，也终归忍不住"痛下杀手"，希望对纽约学派的讨论能变得"温柔"些，能够带着读者更好地走进我的学术世界。

更幸运的是，在这样一番曲线前行之后，我的视野变得开阔了，余生可做的事情也似乎变得多起来，变得更有趣味了。如今，《党派评论》已经有了英文全文数据库，此次修改中也发现了许多"新"的值得细细钻研的

后 记

文献，尤其是对麦克唐纳、格林伯格所作的关于电影、戏剧、绘画、雕塑的评论，以及对当时在美国的法兰克福学派、在中国的"左联"所开展的理论活动/文艺创作，有了更深层次的思考。复旦大学艺术哲学系沈语冰教授、中央美术学院人文学院邵亦杨教授对于纽约学派艺术批评的研究前景的认可，也令我备受鼓舞。

此次修改中，我还联系到好几位早就该结识的学术界友人。其中与中国社会科学院外国文学研究所刘雪岚老师、广州美术学院绘画艺术学院缪斯老师的交流，尤为令人兴奋。他们的博士学位论文分别聚焦于特里林的文学评论和《党派评论》杂志中的艺术评论，我非常希望早日看到他们的大作出版，希望纽约学派也能在中国凝聚起一个学术共同体，共同为建构中华文明的主体性发掘更丰富的理论资源。

在这本书即将付印之际，我要向我的博士导师董学文教授表达我由衷的感谢！向北京大学中文系文艺理论教研室的卢永璘教授、杨铸教授、金永兵教授，当代文学教研室的陈晓明教授，比较文学教研室的张辉教授、张沛教授等，表达我由衷的感谢！向参加我的博士学位论文答辩的答辩委员会主席高建平研究员，答辩委员张永清教授、李庆本教授、车槿山教授及其他各位答辩委员表达我由衷的感谢!

另外,感谢《辽宁大学学报》《文艺理论与批评》发表我关于纽约学派的文章!感谢我的父母和弟弟对我不计报答的爱!感谢风云变幻的人生!

2023 年 6 月 19 日

于北京亮马河畔